●はじめに

昨今、メジャーリーグにおける日本人選手の活躍がめざましい。野茂投手の挑戦と成功に始まり、イチロー選手の偉大なる記録と驚異的な人気。そしてついに、日本球界の盟主である巨人軍の四番打者、松井選手までもが海を渡り、メジャー第一号が満塁ホームランという鮮烈なデビューを果たした。

メジャーリーガーを相手にしたこの素晴らしい成績は、彼ら自身の才能とセンス、また努力の賜物であることはもちろんである。だが特筆すべきは、それらに加えて彼らの野球技術が、日本野球という土壌の多大なる恩恵にあずかっていることだ。この土壌の上で野球をやっていなければ、いかに優れた天賦の才を持ち合わせ、無限の努力を惜しまぬ選手であろうとも、今もなおメジャーレベルには達していなかったはずである。

イチロー選手らを輩出した今日の土壌は、もちろん日本球界が一朝一夕で手に入れたものではなく、多くの先人たちが百年以上もの歳月をかけて積み上げてきたものだ。そして、日本は本場アメリカとは異なり、プロ野球の歴史が野球発展史のすべてではない。

プロ野球が組織として誕生した時には、野球はすでに我が国の国民的スポーツという不動の地位を確立していた。この偉業達成の立役者は紛れもなく学生野球であり、東京六大学リーグ戦が大衆的人気の頂点に立って、人々を野球へ野球へと導いた。殊に早慶戦は二校間の対抗試合という域をはるかに越え、国民を「早」か「慶」かに二分して「早慶戦天国」とでも言うべき社会現象まで引き起こしたのである。

本書は、日本野球発展の原点と言える「一高全盛時代から野球黄金時代まで」の歴史にスポットを当て、野球が発展して行く経緯、日本人が野球狂になって行く背景、そして国民をして野球を第二の国技と言わしめるまでになった様子を綴っている。

この約半世紀にわたる歳月は、日本に伝来して間もない野球が、時に躓《つまづ》き悩みながらも、若い力と情熱の限りにたくましく成長していった時代であり、正に人生における青春期に相当すると言ってよい。本書を通じて、その〃青春期〃の球史に触れ、日本野球への陶酔をより一層深めて頂けたら幸いである。

最後に、大修館書店編集部の太田明夫氏に厚く御礼を申し上げたい。本書を出版する意義をご理解頂き、拙稿を世に送り出す上で色々とご尽力下さった。誠に感謝の念にたえない。

平成十五年九月

菅野真二

目次

第一章
武士道野球の確立
——野球を普及させた死の練習

一高の大投手・守山恒太郎の投球練習で煉瓦が崩れ落ちた箇所
一高はこの部分に「守山先輩苦心之蹟」と記して保存した

一、天下無敵の一高野球

ベースボール広まる

アメリカのボストンに留学し、鉄道技術を学んでいた平岡凞《ひろし》は明治九年に帰国すると、神田区三崎町（現・東京都千代田区三崎町）の練兵場で本場直伝のベースボールをやり始めた。そして、明治十年に工部省（明治十八年廃止）の新橋鉄道局に勤めると、翌十一年に鉄道関係者や外国人技師などを集めて、「新橋アスレチックス倶楽部」というチームを組織した。

十九世紀中期にアメリカに生まれたベースボールは、明治五、六年には日本に伝来していたが、この通称「新橋倶楽部」こそ、日本最初の組織的なベースボールチームであった。

新橋倶楽部は揃いのユニフォームを作り、また明治十五年には新橋の鉄道局構内に芝生を植えた本式のグラウンドも作って、これを「保健場」と名付けた。

ベースボールは、この新橋倶楽部の影響を受けて都下の学校に広まっていった。まず明治十五年に、駒場農学校（後、帝国大学農科大学を経て、現・東京大学農学部）がベースボール部を創設し、そして、十六年には青山の東京英和学校（青山学院大学の前身）に、十七年には虎ノ門の工部大学校(後、帝国大学工科大学を経て、現・東京大学工学部)、神田一ツ橋の東京大学法学部(後、帝国大学法科大学を経て、現・東京大学法学部)にもベースボール部が作られ、新橋倶楽部に挑戦していた。しかし、あまりに簡単に負かされてしまうので、各校は対等に試合をしようとせず、新橋倶楽部に教えを請うように変わっていった。

また、明治十八年には築地の東京一致英和学校(明治学院大学の前身)、三田の慶応義塾にもチームができた。この年、工部大学校が東京大学と合併するに至り、二大学の予備生もまた合併され、東京大学予備門ベースボール会となった。そして翌十九年に、この東京大学予備門が第一高等中学校(後、第一高等学校を経て、現・東京大学教養学部)と改称され、いわゆる「一高」のベースボール会が創設された。

こうして、学生のベースボール熱は陸上競技、ボートレースとともに大いに煽られたが、しかしベースボールとはいっても、まだ遊びの域を出ず、技術はもちろんすべての点において幼稚極まるものであった。

一方、球界の覇権を握っていた新橋倶楽部は、明治二十年、平岡が新橋鉄道局を退職すると、間もなくチームを解散してしまい、新橋のグラウンドも鉄道のレールが敷かれる用地とされて消滅してしまった。

遊技から校技へ

明治二十一年になると、一高がチームとしての体を成し、翌二十二年九月には、向ケ岡（現・東京都文京区弥生）に約六千坪のグラウンドが作られるまでになった。

一高は明治二十三年に全寮制となって、三月に寄宿舎（学生が集団生活をする寮）ができると、ベースボール会会員の大半が進んで入寮したため、寄宿舎の前庭は朝夕のノック場となり、グラウンドは昼食後のノック場となり、土手下はキャッチボール場となった。これに影響された寮生たちが多数ベースボール会へ入部すると、俄然一高ではベースボールが盛んになった。

そしてこの年の五月、一高ベースボール会は向ケ岡に明治学院中等部の白金倶楽部を迎えて試合をした。明治学院は駒場農学校と並んで、解散した新橋倶楽部に代わる強豪チームである。技量で優る明治学院は完全に一高を圧倒し、六回には6対0と大差をつけてリードしていた。しかし、明治学院側は自校の選手が右掌に大怪我をしたこと等を理由に試合の中止を求めたため、一高側もこれを承諾してノーゲームとなってしまった。

この試合は記録上はノーゲームだが、一高の実質的敗北であった。この敗戦が選手に痛烈な反省の機会を与え、ここに「勝つまで戦う。勝つためには死力を尽くして練習する。」という一高ベースボール会の基本精神が確立された。

その後半年を経た十一月、明治学院からあらためて試合の申し込みがあると、一高ベースボール会は一層猛烈な練習に明け暮れた。ベースボール会の燃ゆる決意は校内に反映し、同じ思いが一高全校生にも漲《みなぎ》って、ベースボールはすでに一高の「校技」となった観があった。

十一月八日、明治学院を向ケ岡に迎えたが、ベースボールを遊びの一種と見ていた春と、校技として真剣に練習した秋とでは一高の地力がまるで違い、試合は26対2で一高が大勝した。一高の選手たちは抱き合って泣いて喜び、選手だけでなく全校一千人あげて喜んだ。

そしてこの年、一高は諸学校の名選手の選抜チームである溜池倶楽部を32対5の大差で破り、翌二十四年には白金倶楽部と溜池倶楽部の連合チームと戦って、10対4で圧勝した。

本格的カーブを投げる福島金馬投手を擁する一高は黄金時代を招致し、日本球界の覇業を掌握するに至った。もはや日本人チームで一高に迫るチームはなく、向かうところ敵なしとなった。

こうして日本のベースボールは、一高によって、「遊技」から「運動」「体育」へ育て上げられていったのである。

稲荷山の雄

慶応では明治十七年、臨時雇の語学教師であるアメリカ人ストーマーの教えを受けて、塾生間でベースボールが行われ出した。

その中にいた村尾次郎は以前から新橋倶楽部の平岡を知っていたので、兄とともに新橋倶楽部のメンバーとベースボール仲間になっていた。そして、慶応の松山陽太郎ら数名で平岡のコーチを受けるようになり、翌十八年、村尾、松山らによって「慶応倶楽部」が組織された。

練習は通称「稲荷山グラウンド」と呼ばれる空き地で行っていたが、このグラウンドはわずかに一千数百坪と非常に狭く、内野のダイヤモンドなどは正方形に取れず、菱形になっていた。そのため、一塁―二塁―三塁間は正規の距離であるが、一塁と三塁の間の距離は三分の二しかなく、その代わり本塁と二塁の間は一・五倍と大変間延びしていた。

その上、三塁のすぐ後方には塀が立っていたため、レフトの守る場所がなく、また一塁のすぐ後方には堤があってオーバーランすると、すぐ堤に駆け上がるという有様である。

更に、外野は正規の守備位置を取れないので、ほとんど一列の形で立ち、長距離打者が出ると、ライトとレフトは稲荷山の裾に立たなければならなかった。

このような変形グラウンドではあったが、部員たちは熱心に練習し、東京英和学校との試合を皮切りに、高等商業学校（後、東京高等商業学校などを経て、現・一橋大学）や明治学院などと試合を行っていた。

その後、ベースボールを行う塾生が非常に増え、明治二十一年春、アメリカから帰国した岩田伸太郎が新たに加わってベースボールを大いに奨励すると、あらためて「三田ベースボール倶楽部」が組織された。

この三田ベースボール倶楽部は、明治二十五年五月、慶応の体育会創設とともにその一部となり、「ベースボール部」となった。そして、アメリカより用具も買い入れて練習に励み、徐々に実力をつけていった。翌二十六年には、正則中学（現・正則高校）、独逸協会中学（現・独協高校）、青山学院中等部、明治学院等と接戦をするようにまでなった。

そして、この年の六月十九日、日本人チームに無敵を誇る一高についに挑戦する機会を得て、向ケ岡に押しかけた。

この時、一高は雨期と試験のため練習をしておらず、急遽編成したにわかチームであったせいもあってか、何と10対11で一高が敗れてしまった。

いくらベストの状態ではなかったとはいえ、一高の連勝がストップされたのは事実であるため、一高はその場ですぐ慶応へこの復讐戦を申し込み、五日後の六月二十四日に試合を行った。その結果、一高は11対1で大勝したため、その覇権にキズがつくことはなく、再び天下に覇を唱えることができた。

人々はこれを「慶応の五日天下」と言いはやしたが、この一高との試合によって、慶応はようやく球界で認められる存在になった。

アメリカを倒す

一高は明治二十七年の高等学校令によって「第一高等学校」と改称されたが、その名は都下の球界に響き渡り、完全に一高時代を築き上げていた。後は横浜在住の外国人によって組織された強豪チーム「横浜倶楽部」を倒すのみである。

この横浜倶楽部を日本人は「横浜アマチュア倶楽部」「アマチュア倶楽部」「横浜外人倶楽部」などと呼んでいた。

一高はアマチュア倶楽部に再三試合の申し込みを行っていたが、同倶楽部では一高の申し込みを「ナンセンス」と一笑に付して応じなかった。アメリカ人にはベースボールは国技であるというプライドがあり、また体格的にも大差があるため、日本人が行うベースボールなどは問題にしていなかったのである。

だが、一高はあくまでアマチュア倶楽部と一戦を交えようと諦めず、一高のアメリカ人教師のメーソンに仲介を依頼していた。すると明治二十九年、一年余りの宿願がかない、アマチュア倶楽部がようやく一高の申し込みを受けたのである。

試合は明治二十九年五月二十三日、場所は彼らが東洋随一のグラウンドと誇る横浜の外人居留地運動場と決まった。居留地は幕末の不平等条約によって作られた特別区域で、ここに居住する外国人に対しては日本の主権が届かなかった。

アマチュア倶楽部の面々は、この運動場でベースボールやテニス、ベースボールの母体と言われるクリケットなどをやって楽しんでいたが、運動場の入口には「日本人入るべからず」という侮辱的な立て札を立てていた。

いよいよ五月二十三日。試合当日の新聞「日本」では、「第一高等学校学生と外人のベースボール」という見出しで、試合の挙行について報じていた。ベースボールが日本の新聞紙上で初めて記事にされたのである。

試合開始前、一高は運動場で練習を行っていたが、雲の間から強い陽光が射すため、飛球を取り損なうことが多かった。それを見ていたアマチュア倶楽部の選手は大声で嘲笑した。

「Are they players？（あれでも選手かね）」

試合に入っても、2点を先取したアマチュア倶楽部側の外国人席には歓声に混じり笑い声も起こった。彼らは完全に一高をなめ切っていたのである。

この試合、アマチュア倶楽部の選手は全員ベース大のミットを使用していたが、一高の選手は捕手以外全員が素手で守っていた。

アマチュア倶楽部はなおも2点を加え計4点としたが、この後、青井鉞男《じゅつお》投手の快速球がアメリカの大男たちをなで斬っていった。また各選手が一高式の猛練習で鍛えた地力を思う存分発揮し、結局29対4で一高が凱歌をあげた。

この試合には一高生以外、他校の生徒、横浜の市民など四百余の見物人が集まっていたが、日本人が予想外の大勝を収めて、狂気乱舞した。

ベースボール認知される

明治二十年代は、在日アメリカ人たちが治外法権を振り回していただけに、アマチュア倶楽部戦における一高の勝利は、日本人の長年の鬱憤《うっぷん》を一気にはらしてくれた一大快事となった。

この試合については、日本の諸新聞はもちろん、横浜、神戸、長崎の外字新聞も報じ、アメリカ本国の新聞までが東洋のニュースとして伝えた。

そして、この快挙が地方にまで伝わると、仙台、京都、金沢の各高等学校は、いち早く祝電を一高に寄せ、また日が経つにつれて、広島、岐阜など各地の学校からも祝いの郵便が山と積まれた。

ベースボールの試合結果が日本全土に報道されたことは、ベースボールという外国競技が初めて社会的に認知された証《あかし》であり、またこれを契機に、世人の関心はにわかにベースボールの試合に向けられるようになった。その意味で明治二十九年五月二十三日は、日本のベースボールとしては記念すべき日なのである。

負けたアマチュア倶楽部側が、今度は一高に復讐試合を挑んできたので、一高はこれを受けて立った。一高とアマチュア倶楽部の立場はもう完全に逆転していた。

六月五日、試合は再び横浜の運動場で行われたが、外国人勢は前回に出場した選手はわずか三名にすぎず、停泊中の軍艦チャールストン号、デトロイト号の乗組員から精鋭の六名を参加させて必勝を期した。しかし、青井投手の快投の前に外国人勢は再びひれ伏して、32対9で一高が大勝した。

アマチュア倶楽部を下したことで、「強豪一高」の呼び名は全国に響き渡った。名投手青井鉞男を擁する一高にとって、この明治二十九年は二回目の黄金時代となった。

そして一高は、以後日本のいかなるチームとも対抗試合を行わなくなった。ユニフォームを着用して対抗の礼を以て戦うのは、アマチュア倶楽部等の外国人チームとだけであり、その他の日本人チームとはあくまで「練習試合」としてしか戦わなかった。

これは、決して外に出向くことはせず、場所は向ケ岡の一高グラウンドに限り、審判も一高から出すというもので、練習着のまま稽古をつけてやるといった意味から「練習試合」と称していたのである。

「野球」と訳す

明治二十三年に一高の二塁手を務めた中馬庚《ちゅうまんかなえ》は、帝国大学（後、東京帝国大学を経て、現・東京大学）在学中の明治二十七年、一高の部史を編纂するにあたり、〝Ball in Field〟のイメージから「ベースボール」の訳語として「野球」の名称を作った。そして翌二十八年二月、その一高の部史を『野球部史』と題して発行し、本文中の「ベースボール」の言葉をすべて「野球」と記載した。

また中馬は、明治三十年七月に『野球』と題するベースボール研究書を出版したが、我が国ではそれ以降、「ベースボール」に代わって、「野球」の名称が普及していった。

このようにベースボールの意味で「野球」の言葉が初めて活字になったのは、この『野球部史』発行の明治二十八年だが、「野球」という二文字は、一高選手の正岡常規《つねのり》（後の俳人・正岡子規）によってすでに使われていた。

正岡は中馬の三年先輩にあたる一高選手で、投手や捕手を務めていた。松山中学（現・松山商業高校と松山東高校）を卒業して、明治十七年に東京大学予備門（一高の前身）に入り、ベースボールに熱中する日々を送っていた。またその傍ら、明治二十二年五月には「子規」と号して句を作り、以後、ベースボールを題材にした短歌や俳句も数多く詠んでいった。

正岡は明治二十三年に知人にあてた葉書の中で、雅号（ペンネーム）として〝野球〟と記した。これは、彼の幼少時代の本名である「升《のぼる》」をもじって、「の（野）ぼーる（球）」としたものであり、ベースボールの訳語としての意味はない。あくまで「のぼる」と読める雅号を考案したものであり、読み方も「やきゅう」ではなく、「のぼーる」であった。他に「能球」と書いて「のぼーる」としたものもある。

また彼は一高卒業後、新聞「日本」で随筆「松蘿玉液《しょうらぎょくえき》」を連載していたが、その中で、明治二十九年七月十九日から三回にわたり、ベースボールについての詳細な解説記事を書いた。これは全国に広くベースボールという競技を紹介することとなり、この記事において、「死球」「四球」「直球」「飛球」「打者」「走者」などの用語を訳出した。

この時はまだ中馬の「野球」という訳語は一般には知られておらず、正岡もベースボールのことを「弄球」や「球戯」と書いたりしていた。

獰猛《どうもう》なる死の練習

明治三十年、青井投手が卒業すると、一高の栄華の夢は断たれた。まず郁文館中学（現・郁文館高校）との試合で18対19とついに敗北を喫してしまい、郁文館と本郷地区の選手からなる西片倶楽部との試合でも5対6で敗れてしまった。更に郁文館に復讐試合を挑んだものの、これにも25対26と惜敗し、再戦再敗の屈辱を味わわされた。

翌三十一年は郁文館にも勝ち、負け試合はなかったが、三十二年には再び郁文館、そして二高（現・東北大学）との試合にも負け、その上青山学院に二度も続けて負けてしまった。この時の青山学院の投手橋戸信《まこと》は、この勝利によって一躍都下の代表的選手となった。

一方一高の投手は、この年の九月に独逸協会から入学した左腕投手守山恒太郎《こうたろう》であったが、彼はこの青山学院戦の二連敗を発奮材料として、猛練習に励むようになった。

守山は快速球ではあったが、コントロールに難のある投手であった。彼はそれを克服するために、一日の正規の練習が終了した後も、寮生が寝静まった真夜中に一人投球練習を行った。疲れた身体を再びグラウンドの一隅に現し、理化学教室の煉瓦壁に向かって三百球を丹念に投げ続けた。母校の名誉を保たんがため、月の光を頼りに投げて投げて投げまくったのである。

守山は、疲れすぎて左腕が曲がったまま伸びなくなる時があると、グラウンドの老桜の枝にぶら下がってその左腕を伸ばした。そして、伸ばしては投げ、伸ばしては投げを繰り返し、ついに正確なピッチングができるようになったのだった。またこの投球練習によって、とうとう教室の壁の煉瓦が三十センチ四方にわたって崩れ落ちた。

この守山投手の猛練習もさる事ながら、一高の練習ぶりは超人的な正に「死の練習」とでも言うべき凄まじいものであった。

彼らは常にミットを用いず、素手、空脛《すね》、素足で練習をした。そのの状態で飛んでくるボールを受ければ、普通の人間なら痛くて悲鳴をあげるに違いないが、皆一言も発せず、痛さを嚙み殺して練習を続けた。

一高の練習では「痛い」という言葉の使用が禁制になっていた。その禁を犯すと自分の不名誉になるので、自然誰ということなく、「痒《かゆ》い」という反語が流行し、どうしても痛さを噛み殺せない場合があれば、軽く「痒い」と反語を用いるのだった。

掌が破れて手にするボールが鮮血で染められても、練習は間断なく続く。流れる指頭の血をなめながら、「どうも痒くてたまらない。」と我慢し、指頭を布で巻いてそのまままた練習を続けるのである。右手の自由を失った者は左手のみで練習をし、足を負傷した者は足を引きずりながら敢然とグラウンドに立った。

一高の練習は季節など関係なく、雨の日、風の日、雪の日、霰《あられ》の日、どんな悪天候であっても練習は欠かさない。雪が積もっていれば、全員でその雪を払ってから練習にとりかかった。

一年を通じ、授業の前後の時間は尽く練習に捧げ、明け方から夜になるまで一高生と先輩に見守られ、激励され、心身共に耐えられなくなるまで練習する。これが彼らの修行であり、人々は「獰猛なる一高式練習」と呼んだ。

グレイトピッチャー

一高は守山投手の台頭とともに大いに意気上がり、明治三十三年は全勝、そして翌三十四年は、十八試合中唯一アマチュア倶楽部に5対6と惜敗しただけで、その他の試合はほとんど圧勝し、「強豪一高」の名を再び恣《ほしいまま》にした。

明けて明治三十五年、一高は、農科大学、郁文館、麻布中学（現・麻布高校）、正則中学、学習院中等部を相手に、依然として実力の差を見せつけて勝ち続けていった。

そして五月十日、アマチュア倶楽部との試合を横浜の運動場で行った。「プレーボール」の宣告と同時に守山の快速球はうなりを生じて投げ込まれ、余りのスピードに六百人の一高生らは唖然とし、また外国人の観衆も声が出なかった。

守山のピッチングは、後半に入ってからもその球威が全く衰えず、それどころか次第に球速を増しているかにさえ感じられた。この快投の前に、アマチュア倶楽部の選手もなすすべなく、ただ「グレイトピッチャー、モリヤマ！」の嘆声を発しただけであった。

結局、試合は4対0で一高が快勝し、世人は「国際試合のスコンクゲーム（シャットアウト）」とはやしたて、一高方もこの勝利を大いに誇りとした。相手方に得点を与えないことは夢想だにもされないことであったため、日本野球史に一大光輝を放つ大記録であった。守山はこの快投によって高名を馳せ、〝鬼神〟と謳われる大投手となった。

また一週間後、一高は自校のグラウンドにおいて米艦ケンタッキー号チームと試合を行ったが、この試合でも守山は外国人勢をわずか1点に抑え、34対1で大勝した。

明治三十五年は、大投手守山恒太郎の存在により一高三回目の黄金時代であった。

二、慶応、早稲田動き出す

専門学校の弱助

明治三十四年、早稲田の東京専門学校では来秋より大学と改称する準備として官立の高等学校に相当する高等予科を設置し、学生を募集すると、郁文館の大橋武太郎がやってきた。大橋は郁文館時代、一高と二回試合をして二回とも勝った捕手で、その名は都下に鳴り響いていた。

彼は途中までは茨城の水戸中学（現・水戸第一高校）に在籍し、二年生になると同時に郁文館へ転校した。その水戸中学時代のチームメイトで親友の鈴木豊も神田の錦城中学（現・錦城高校）へ転校し、この春東京専門学校に入学していた。

そこで、大橋と鈴木の二人は野球部の創設を考え、とにかくキャッチボールだけでも始めようと、半額ずつ金を出し合ってボールを購入した。

六月にはキャッチボールの仲間も増えて八名となり、一チームを編成できるぐらいの人数が揃ったので、各自が費用を出し合って、ミットや「この木目の処にて打つべし」と注意書が刷り込まれたバットなどを買い集めた。

チーム名は鈴木の発案により、腕前はともかく元気だけはどこにも負けないという意味で、「チアフル倶楽部」に決め、主将は大橋が務めることとなった。

こうして人員はようやく揃ったものの、何せできたばかりのチームであるから、練習の規律もチームの統一なども全くなかった。そのため、それなりに野球に心得のある者が集まっていても、その弱さは格別であった。

早稲田中学（現・早稲田高校）を相手に週に一度試合をするのだが、毎回10点以上も負かされるため、中学生に「専門学校の弱助弱助」と冷笑されたり、見物に来ていた近所の子供たちにも馬鹿にされていた。

このような烏合の衆であったチアフル倶楽部にも、心強いことが一つあった。それは予科部長の講師安部磯雄が、練習や試合をよく見に来たり会合にも出席して、熱心に面倒をみてくれることであった。

安部はこの時三十六歳。明治二十八年に米、独の留学から帰国し、母校同志社大学の教師を経て、三十二年五月、東京専門学校の講師に招聘された。社会問題、都市問題、国民科及び英語を担当していた。野球の経験は全くなかったが、野球という競技が面白く、好きになっていたのである。そのため、大学から指名されたわけでもなく、誰が推したてたわけでもなかったが、チアフル倶楽部の活動に参加して、選手から自然に部長と仰がれるようになっていた。

夏休みも過ぎて第二期になると、チアフル倶楽部は学習院に試合を申し込んでみた。学習院は都下の雄鎮として一高と並称された強豪チームであるが、早速に応諾の返事があった。学習院では東京専門学校に野球部があるなどとは全く知らなかったが、とにかく挑戦されたのだから相手になってやろうぐらいの調子で快く応諾してくれた。

しかし、試合は何と7対6でチアフル倶楽部がサヨナラ勝ちをおさめたのである。予想外の結末に学習院のみならずチアフル倶楽部の選手自身も呆気にとられたが、この一戦によって、東京専門学校の野球部なるものの存在が多少なりとも世間に知られることとなった。

突然変異起こる

明治三十五年の正月、チアフル倶楽部は冬期休暇を利用し、安部に率いられて鎌倉で合宿を行うこととなった。八幡前の富田屋という宿屋に陣を張り、鎌倉師範学校（現・横浜国立大学）の校庭に出かけて練習を行った。

練習には近県中学球界の名選手たちも集まってなかなか賑やかであった上、青山学院出身の橋戸信もこの合宿からチアフル倶楽部に加わることになった。

橋戸は大橋らと同じ時に高等予科に入学していたが、野球の方は全く行わず、安部磯雄や学生連中とテニスばかりをやっていた。二度にわたって一高を破ったことがあるだけに、チアフル倶楽部にはぜひとも必要な投手であり、彼を知っている者は野球をやることを勧めたが、どうしても入部しなかった。

しかし、橋戸はテニス練習の目的で同じ鎌倉にいたところ、安部の熱心な勧誘によって、ついに入部することを決めたのである。

また、郁文館の押川清も鎌倉に家を構えていた兄を訪ね、たまたま鎌倉に来ていたが、ここに東京専門学校が野球の練習に来ていると聞いたので、先輩の大橋を訪ねてやってきた。押川もこの春、東京専門学校に入学して野球をやるつもりでいたため、早くも一同に加わって、一緒に練習をすることにした。

東京専門学校は、中学卒業者を無試験で入学させていたため、チアフル倶楽部への志ある押川は時期を待たずして、この時からチームメイトとなった。

そして春になると、チアフル倶楽部は都下の一流チームに恥じない顔ぶれが揃ってきた。一高隆盛の余波を受けて勃興した中学野球部の花形が、時を同じくして野球の全く聞こえていない東京専門学校に入学してきたのは、高等予科が魅力だったからである。つまり、この大学への名乗り上げが、今までベースボールという外国競技を顧みるハイカラさが備わっていなかった東京専門学校に、突然変異を起こさせたのだ。

チアフル倶楽部は、毎日放課後になると、自主的に水稲荷前の狭いグラウンドに部員が姿を現し、キャッチボールやノック、打撃練習等に励むのだが、常に練習に参加するのは、大橋、鈴木、橋戸、押川ぐらいで、試合をするのに必要な九人まで人数が揃うことはなかった。

五月、そんなチアフル倶楽部へ突然、農科大学から試合の申し込みがあった。農科大は、一高、学習院、慶応義塾、青山学院、明治学院などの強豪校と肩を並べているチームである。

直ちに応諾したチアフル倶楽部は、軽く一蹴するつもりで駒場へ乗り込んだ。だが、いざ試合が始まってみると、チームとしての不統一さが出て苦戦してしまい、結局5対12を以て敗北の憂目に遭った。

一人一人は十分な力量を持った選手だが、それが勝手気ままに試合をやるため、統制のとれた農科大学にかなうわけがなかった。しかも、この日の試合に向けた練習は一回も行っておらず、攻守の連携などもメチャクチャで負けるのは当然のことであった。

二大朗報

安部は、必勝を期して乗り込んだ農科大戦に敗れたのも、練習のできる決まったグラウンドがないことが大きく影響していると思い、ある日、学校の創設者大隈重信伯を訪ねてグラウンドの新設を頼んでみた。色々考慮の末、大隈重信の助力を請う外はないと考えたからである。

しかし、大隈は野球がどのようなものかよくわかっておらず、気乗りしない様子であったため、安部は高調子の説得方法を用いることにした。大隈は博弁宏辞を好むだけに、それが一番効果的と考えたのである。

「実は私はベースボールを決してただの競技とは考えていないのです。今、日本で行われている諸競技のうち国際競技として先鞭をつけるものは、ベースボールに違いないと直感し、確信しております。」

「野球」と言っても、大隈にはわからないと思い、安部はあえて「ベースボール」と言った。「野球」の名称は学生界では広く使われていたが、まだまだ一般の通用語とはなっていなかったのだ。安部は続けた。

「一高、学習院などはベースボールの先輩で、すでに立派なグラウンドを持っています。私は海外遠征をして、最初の国際試合をする栄誉と愉快を我が学園で確保したいと思っておりますので、そのためにも、グラウンドを持っていないことをご考慮願いたいのです。」

「うむ、そうか。わかった。わかった。」

と大隈はうなずき、

「国際試合は早い方が良い。他の学校が行かないうちが良い。特に日本の立場を知らしめるにはそうした運動競技によるのも良いことだ。」

と大乗り気で、必ずその国際試合遂行のために助力することを約束してくれるとともに、ついにグラウンド敷地の入手を承知してくれたのだった。

そして、学内でも七月にグラウンドの建設が協議され、建設が正式に決定した。次に問題となるのはグラウンドにする場所であった。

知識は学問から、人格は運動から修養されると考える安部は、グラウンドが教室の延長である限り、学校から遠く離れていては、教育的立場からの意味が失われてしまうので、グラウンドは校舎の近隣にあるべきだと主張した。

当初、白羽の矢をたてていた埋め立て中の田圃は他に計画があったため、学校わきの戸塚のみょうが畑や麦畑に目がつけられた。ここは三人の地主の所有であったが、日頃から専門学校の学生が入り込んで麦を踏み荒らすため困っていた。だからそこをグラウンドに貸せば黙っていても地代が入ってくるというので、三人の地主は二つ返事で快諾してくれた。

話が決まると、安部はこのことを早く選手たちに話した方が良いと考え、一同をその畑に連れていった。そして、あの麦の実りを刈り取ったらすぐ地ならしにかかり、秋からは使用できるようにするから大いに頑張ってもらわねばならないと激励し、更に声を強めてこう言った。

「実はもう一つ諸君を喜ばす朗報があります。東京中の一流の野球チームをすべて打ち破って全勝したら、アメリカ遠征をさせてあげます。あちらの大学と国際試合をやるのです。ベースボールはアメリカで生まれた競技ですから、本場の技術を学ぶことができます。」

安部は大隈重信が賛同してくれたことを背景に、こう明言することができた。

国際試合の大理想

日清戦争最中の明治二十七年七月、アメリカ留学を終えた安部は、ドイツへ行く途中にロンドンのホテルで新聞を読んでいると、心を動かされる記事を見つけた。それは、「アメリカ東部における諸大学中のチャンピオンとなったエール大学の陸上競技チームが、イギリスはロンドンの南部ケンシングトンへやって来て、オックスフォード大学と初めて国際対抗の陸上競技を行い、オックスフォード大学がハンマー投げを除いて全勝した。」という内容のものであった。

安部は、アメリカの代表的な大学が大西洋を渡って、イギリスへ競技をやりに来たことを大変痛快に思い、自分も将来、日本の若い学生を率いて、外国へ行ってみたいと思った。

安部は青年時代から宗教的教訓を受け、平和主義を信条とするようになっていたが、国際平和を進めるためには、国と国との親善をはかることが第一であると思った。それには、利害を離れた運動競技による交流から始めるのが一番早道であり、世界各国が武力の闘争をやめて、運動競技に力を入れるようになれば、人類の幸福はいかに促進されることか。運動競技が戦争にとって代わって全世界を支配しなければいけない。運動競技なら人間の持つ闘争心を満足させるのに十分だし、一切血を流さずに済む—。安部はそう考え、国際運動競技のため、微力を尽くしたいと決心したのだった。

アメリカ遠征の話をして以降、安部は練習の打合せの席や部会を開いた時などには、選手にアメリカに関する色々な話をするようになった。日本では野球は学生の間に限られているが、アメリカではベースボール専門の職業人チームがあって、その試合が全米の血を沸き立たせていること。グラウンドが完備していること。洋食の美味、船中の愉快さなどを目の醒めるように面白く語り、全勝さえすれば必ずアメリカ遠征を決行すると選手たちを激励したのだった。

アメリカといえば、おとぎ話の中に出てくる夢の国であり、朝鮮でも中国でもまだまだ遠い外国というこの時代に、一野球のために太平洋を渡るなどとは全く痴人の夢に等しく、周囲からは安部が巧みに選手をおだてているぐらいにしか見られていなかった。

だが、選手たちは半信半疑ながらも心の奥にアメリカの天を夢み、どうにかしてこの抱負を実現したい、異国に渡って華々しき試合をしてみたいと猛練習に励んでいった。

三田綱町グラウンド

慶応は明治三十四年四月にOBの村尾次郎を監督に迎えると、「修技旅行」と称した東海道の遠征に出かけた。慶応は浜松中（現・浜松北高校）、和歌山中（現・和歌山県立桐蔭高校）、第三高等学校（現・京都大学）、愛知一中（現・愛知県立旭丘高校）、静岡中（現・静岡高校）と転戦し、愛知一中に6対11で敗れたのみで、五戦四勝の好成績であった。

この遠征は我が国における最初の野球遠征であり、技術の向上、チームワークの向上では大いに得るところがあった。

またこの年、米国コロンビア大学で留学を終えて帰国した名取和作《わさく》は、慶応の教授になるとともに野球部長に就任した。留学中にベースボール通になっていた名取は、米国式の練習方法を取り入れるなど、本場で得た知識を以て熱心に指導したので、選手の技術はかなり進歩した。

また、メジャーリーグの話やアメリカの学生生活、それを彩るベースボール、大学生からメジャーリーグへ移り行く選手のもてはやされぶり等の話を大いに語り、若い選手の心を躍らせるのだった。そして、アメリカやドイツの各大学が荘厳なグラウンドを有し、教室は「智」の殿堂にして、グラウンドは「武」の道場であるという法則の下に、智育と体育の併進教育を実施しているという話をし、スポーツの重大性をも説いた。

名取部長のこの主張に刺激されて、智育体育の併立がやがて完全な一個の人格を築くということから、「大学はただに教育の美を飾るばかりでなく、グラウンドも共に広めなければならない。」という考えが塾内に高唱され出した。

そして、稲荷山グラウンドのような狭い所では練習が十分できず、ベースボールは上達できないという声がいよいよ高まってくると、体育会はグラウンドの新設を実現しようと塾当局を説得し始めた。その結果、満場一致でグラウンドの新設が決まったのである。

新グラウンドの条件が、「学校の隣接地であること」だったため、候補地がなかなか見つからなかったが、ようやく蜂須賀侯邸の庭園裏にある森林に白羽の矢をたて、塾の方から譲渡を頼むと、蜂須賀家でも快諾してくれた。

そして、この芝区三田綱町の森林を伐り開き、堀を埋め、土地を削って平地にならし、ダイヤモンドを掘り返してそこに土砂を入れるなどして、明治三十六年、三千八百七十四坪の新グラウンドはついに完成した。

牙城に迫る

慶応は明治三十六年二月、いよいよ一高と戦うことを考えた。だが、一高は十年来の覇王の驕《おご》りに慣れて、日本人チームとは対抗試合を行わず、練習試合としてしか試合を行っていない。しかも、その練習試合の挙行は一高へ嘆願書を出さなければ許されなかった。

そのため慶応も、その慣例に倣って平身低頭、辞を低くして一文を送った。「御試合致し度此段奉願上候……」というものである。

ところが、官学の誇り高く、慶応などは眼中にない一高側はこの申し出を却下した。書式が悪いから書き直して来いというのである。

慶応がどこが悪いかと尋ねると、正式な書式は「練習試合を御願い致し度御許可相成度此段奉願上候……」としなければならないと言ってきた。慶応はばかばかしいとは思ったが、試合をしたい一心から、一高の指示通りの書式で再びお願いしたところ、どうにか〝お許し〟が出たのである。

そして、「試合は二月二十四日、一高グラウンドにおいて行う。審判は一高先輩、守山恒太郎。」と試合を行う日から審判まですべて一高側のいいなりにならざるを得なかった。

守山の審判ぶりは一高にえこひいきをすることで有名で、一高の打者の時は振らない限りどんな好球もすべてボールを宣告する。その不公平は明白にわかっていても、天下の一高の先輩だけに、誰も文句をつけられなかった。

野球の審判は試合中一人しかおらず、投手の背後に立って、その位置からストライク・ボール、アウト・セーフなどの判定をすべて一人で下した。そのため、審判が守山になることは慶応側に極めて不利であったが、慶応には一高に勝つ自信があったので言う通りに従った。

練習試合の場合、一高はポジション順に打者を並べ、常に「投、捕、遊、一、二、三、右、中、左」の順でオーダーを組んだ。また、「練習試合にラインは不要」として、試合を始める前にグラウンドのラインを消して回るという横暴ぶりも示すのである。

しかし試合が始まると、慶応が一回2点、三回1点、四回4点と得点を重ね、四回を終わって早くも7対2と5点差をつけてリードした。すると、守山のストライク、ボールの判定が慶応側には厳格すぎるようになってきた。

前年、長野の上田中学(現・上田高校)より入学してきた剛球投手桜井弥一郎の投げるコーナーボールは、守山審判によって尽くボールとされ、一高投手黒田昌恵のコーナーボールはすべてストライクと判定される。そのため桜井は、完全に投球をおかしくしてしまい、六回を終了してたちまち7対7の同点となってしまった。

桜井の投げるボールは内角に投げてもボール、外角寄りに投げてもボールとされる。守山はついにド真ん中を通らなければ、ストライクを宣告しなくなってしまった。

このように守山の審判は不公平を極めたが、これに対して苦情を言おうものなら、

「先輩が後輩に対して野球術を教えてやっているのに、文句を言うとは無礼な奴らだ。」

と逆に叱られるのである。

慶応はその判定に服従し、桜井もやむなくド真ん中へ投げ込むのだが、ド真ん中へ投げればそれだけ打たれた。そのため八回表、一高はついに一挙6点を取って逆転し、結局、13対10で一高が勝利をおさめた。

しかし、実力では慶応が優っており、守山が審判でなければ勝っていたであろうと思われる程に一高を圧倒していた。ここに慶応は、球界の覇王一高の牙城に迫ることができたのである。

戸塚グラウンド

明治三十五年夏、安部磯雄は農科大戦の敗北を取り返すべく、チアフル倶楽部の和合と強化を図るために、夏休みの一ケ月を使って合宿練習をやることにした。一軒の宿に合宿していれば、チームメイトとも自然に心から打ち解けることができると考えたのである。

宇都宮中学（現・宇都宮高校）の校庭を借りて練習をしたが、この合宿によって、バラバラでまとまりのなかったチアフル倶楽部も完全に一つになり、部員どうしの間にもよそよそしい雰囲気はなくなった。

合宿から帰ってみると、戸塚のグラウンドはもうほぼ出来上がっていた。畑を潰し、傾斜がかきならされ、裏手の竹藪も切り開かれていた。また、土が田を埋め、平らに地ならしされ、いつでも練習ができる状態であった。わきの道に肥え桶車が行き交う、四千五百坪の戸塚グラウンドは、左翼の外側はさつま芋畑、右翼の奥には竹藪があり、その中から雉子《きじ》の鳴き声が聞こえるという正に田圃風景の中にあった。

こうして待望のグラウンドが完成し、チアフル倶楽部もいよいよ軌道に乗ってきたと思われた九月、主将の大橋が、家庭の都合で突然退学することになった。大橋の実家は茨城の老舗「大橋醤油店」を営んでおり、十人兄弟の一番上である彼は、店の後継ぎとしてこれから家のことを色々と執りし切って行かなければならなくなってしまったのだ。

ようやく橋戸、大橋のバッテリーが揃ったと思う間もなく、大橋を失うのは大黒柱が折れたにも等しい。大橋の退学後、代わって橋戸が主将となった。

東京専門学校は大学への昇格に伴い、明治三十五年九月二日、「早稲田大学」と改称した。そしてこの名乗り上げと同時に、従来の体育部は、剣道、柔道、弓術、野球、庭球、端艇の六部に分かれ、「早稲田大学体育部」の名称の下に新たな第一歩を踏み出すことになった。そのためチアフル倶楽部は、大学体育部の一部として、「早稲田大学野球部」となったのである。野球部長は安部磯雄、副部長は高杉滝蔵が務めることとなった。

大学は十月十九日より三日間授業を休み、早稲田大学開校並びに創立二十周年を記念して、色々と盛大な記念式をあげたが、野球部も式典の一翼を担って、記念行事とグラウンドの創立開場を兼ねた校内野球大会を戸塚グラウンドで催した。

野球部選手の他、来賓として招いた早稲田中学選手と学内に募った有志を加えて四チームを作り、計二試合を行ったが、二試合目の紅軍と白軍の試合において、野球部は関西中学界きっての名選手、神戸一中（現・神戸高校）出身の泉谷祐勝《いずみだにすけかつ》を見い出した。

彼は白軍の捕手として投手橋戸の球を受け、二塁への実に正確な送球で再三にわたって盗塁を刺すという強肩ぶりを示した。また自らもよく打ち、よく走るという活躍をするので、全観衆からヤンヤの喝采を博していた。

泉谷は大橋の去った穴を埋めて全く遜色がなく、ここに図らずも一人の後継者が突如として現れたのだった。

一人前の仲間入り

こうして早稲田にはグラウンドもでき、選手も大変優秀なのが集まってきたので、野球部の基礎固めも目処がついてきた。そこで安部は、前年の冬同様、鎌倉師範学校の校庭を借りて冬期合宿練習を行った。

そして弓館《ゆだて》芳夫が友人関係をたどって、盛岡中学（現・盛岡第一高校）出身の小原益遠《こはらますとお》をこの合宿に誘ってきたため、有力な選手を一人獲得した。

また早稲田大学は四月に商科を設置したので、その新入生の中には横浜商業（現・横浜商業高校）の河野安通志《こうのあつし》、郁文館の森本繁雄、盛岡中学の獅子内《ししうち》謹一郎、青山学院の久野栄といった有望選手がいて、野球部に入部してきたのである。

安部は早速これら新人を加えて、紅白試合をやることにした。この試合は新人のポジションを試す意味もあったので、新人の中から河野と小原を選んで両チームの投手をやらせてみた。するとと、河野のピッチングが素晴らしく良かったので、安部は大いに喜んだ。またそれまで投手をやっていた橋戸も、自分はあまりにも少年の時から球になじんで、投手としてはそろそろ限界の来つつあることを自覚していたため、この絶好の後継者出現を躍り上がって喜んだ。河野は横浜商業時代は中堅手であったが、この時から投手として見い出されることになった。

そしてこの年の夏休みには、浜松中学の校庭を借りて合宿練習を行った。午前も午後も猛練習を続け、連日その仕上げとして浜松中学と練習試合を行った。

この東海道筋は早くから野球が発達していたので、中学でもかなり強いチームがあった。この浜松中学も相当の技量を持っていたが、もはや早稲田の敵ではなかった。

また八月の終わり近くになって、中学球界随一の強豪を誇っていた愛知一中が早稲田に試合を挑んできた。中学生とはいいながら、一高、学習院、慶応などの強豪相手に互角以上の戦いをしていたチームである。

そのため、早稲田の選手たちも勝てる見込みはないと思っていたが、いざ試合をやってみると、河野の見事なピッチングで全く問題にならず、意外にも早稲田が25対8という大差をつけて、大勝利を決めた。

愛知一中を破って得た自信と意気は活動の大きな原動力となり、

「今度は一つ他の強豪をねじ伏せてやろうじゃないか。」

と言い出すようになった。

そこで、日本人チームにとって野球技量の試金石となっているアマチュア倶楽部に白羽の矢をたてた。日本人チームは、一高唯一の好敵手であるこのアマチュア倶楽部を破れば一人前と言われていたので、まだ一人前の仲間入りをしていない早稲田は、アマチュア倶楽部を破って名声を高めようと考えたのであった。

早速、横浜に住んでいた河野がアマチュア倶楽部に試合を申し込んだところ、「今はチームの陣容が整っていないが、そのうちに選手も揃うから秋には試合をしても良い。」という返事があった。そして九月末、早稲田側の再三のお願いに折れたアマチュア倶楽部は、とうとう試合を行うことを決めた。

十月十日、早稲田の選手が横浜の運動場へと乗り込むと、そこでは外国人のバッテリーが恐ろしい程に力とスピードのあるキャッチボールをしていたため、一同はアッと驚いた。しかし試合が開始されると、早稲田勢は予想に反してバンクレーブ投手の猛球を打ち続けた。それに対してアマチュア倶楽部の選手は河野のアウトドロップ（縦のカーブ）を打ちあぐんだ。

早稲田優勢のまま試合は進み、結局9対7で早稲田が勝った。勝利の瞬間、大挙して押しかけていた早稲田の彌次連は喜び、ダイヤモンドへ雪崩れ込んで選手を取り巻いた。

この時代、「応援」は「彌次《やじ》」と言われていた。これには「人の言動をひやかし嘲弄して妨害する」という意味のいわゆる「ヤジ」はもちろん、「見物する」という意味もあった。また、そのような行動を「する人」という意味でも使われていた。

御教示に預かり

アマチュア倶楽部を下した早稲田の勝利は、都下の各新聞を賑わし、その実力はようやく世に認められることになった。これで一層自信をつけた早稲田の選手は、次の対戦相手に慶応を選んだ。

そこで、橋戸が試合の申込みを相談しに、押川とともに三田へ慶応の主将宮原清を訪ねた。橋戸は実家が芝の金杉にあり、慶応にもそれほど遠くなかったため、青山学院時代は稲荷山グラウンドに行って一緒に練習をさせてもらっていた。慶応の選手はまだ自分たちでさえ破り得ない一高を二度も破った投手ということで橋戸を知っており、快く練習に迎え入れていた。そのため、橋戸は慶応の選手と親しくなっていて、宮原ともよく知った仲であった。

橋戸らの訪問を受けた宮原は、

「ただ今練習中だが、すぐ行く。その間お待ち願いたい。」

と返事をした。そして練習後、二人の前に現れた宮原が、シャワーを浴びてさっぱりとした格好になっているのを見て橋戸も押川も驚いた。慶応にはすでにシャワーの設備ができており、客を迎えるエチケットとして汗や泥をきれいに流してきたのだった。

二人は学生ホールの食堂に案内されると、紅茶にケーキが添えて出されたので、またしても驚いた。紅茶というのはまだまだ珍しくハイカラなものである。それが大学の学生ホールで出されるのだから、二人とも目を見張った。

「実はお願いなんですが、君の方で一つ、僕のところと試合をしてもらえませんか。」

橋戸が試合の話をこうきり出すと、話は談笑のうちに進んでいった。だが、宮原の一存だけで試合を受けるわけにもいかず、後日しかるべき返答をすることを約束してこの日は別れた。

またこれとは別に、早稲田の泉谷祐勝も、慶応の高浜徳一に以前から試合の話を持ちかけていた。高浜は慶応普通部を卒業していたが、泉谷と同じ神戸出身で、二人は小学校の同級生であった。泉谷は早稲田の学生は田舎者ばかりで話相手にならないと、暇さえあれば三田へ行って高浜と会っていた。

「君の学校と僕の早稲田と一つ試合をしようじゃないか。」

「いや、今早稲田が申し込んでもおいそれとは受けないよ。慶応は早稲田の田舎学生と試合などしたくない。時期が来たら知らせるから、それまで待った方がいい。」

両校の試合については高浜からこう言われていたので、泉谷は連絡を待つことにしていたのだった。

慶応では早稲田からの申し込みに対し、受けるべきか断るべきかで議論が百出した。

「早稲田の野球部は学校が公認しているのか。まだ学生同志の遊びではないのか。」

「この間、アマチュア倶楽部と試合をして勝っているのだから、モグリではない。」

「グラウンドができたばかりのチームを相手にして勝っても、自慢にも名誉にもならない。」

「一つ揉んでやるつもりで相手になったらいいじゃないか。せっかく礼儀を尽くして申し込んできたものをそんな薄弱な理由で拒否するのは良くない。」

その後、早稲田では安部が外国の事例に倣い、対抗試合を申し入れる正式な書状を書かせて、十一月五日、慶応野球部あてに送った。

これはあくまで形式的なものにすぎなかったが、「我が部は依然として不振、選手皆幼稚なので御教示に預かり、大いに学ぶ所あるならこの上もなく光栄です。貴部の御都合は如何ですか。」という内容であった。

この書状の到着に先立ち、高浜もいよいよ時期至れりとして、「貴校の相手となるなという変な者もいるが、試合はぜひ行いたい心積もりでいます。貴校の様子はどうですか。双方の議熟して戦うという風、至極おもしろいでしょう。」という内容で、とにかく試合申し込みの書状を送ってくれという手紙を泉谷に送った。

早稲田から書状を受け取った慶応では、高浜の勧めもあり、宮原主将が話をまとめて、ついに早稲田と試合を行うことを決めた。だが、負けるはずがないという優越感と余裕を持っており、早稲田に敵愾心《がい》などを抱いているわけではなかった。また早稲田としても、闘争心むき出しの挑戦では決してなく、純粋に先輩校慶応の胸を借りたいという思いであった。

バットになりたい

明治三十六年十一月二十一日土曜日、天気は快晴。早稲田の選手は全員、戸塚グラウンドに集まり、早稲田から三田まで約三里（約十二キロ）の道のりを歩いて行った。

交通機関はまだ発達しておらず、電車が一部で開通したばかりで、早稲田から三田へ行くのには利用できなかった。また、早稲田と三田を結ぶ馬車もなく、唯一人力車だけがあったが、一里に十銭(注)かかるため、早稲田から三田まで三十銭、選手全員十名が乗れば三円の大金を要する。それだけの車賃を払うことはとてもできないので、歩くより他に仕方がなかった。

しかし、マネージャー格の弓館だけは、バットやミット、ボールと一緒に人力車に乗って三田へ向ったため、それを見て「バットになりたい。」と羨望する者もいた。

選手らは、山手育ちで道に詳しい橋戸の案内で、鶴巻町から神楽坂、四谷、青山練兵場(現・神宮外苑付近）へと抜け、三河台から赤羽橋に出るという道順で、慶応義塾にたどり着いた。

昼前に到着した一行は、慶応の選手に迎えられて学生ホールを休憩所に与えられた。そこにはパンや菓子やミルクを売っていたので少し気がひけたが、持参してきた梅干し入りの冷えきった握り飯を取り出して食べ始めた。

それを慶応の塾生たちが、温かそうなミルクをすすり、中には高価なシュークリームを食べながら、早稲田の選手って一体どんな奴らだろうといった顔で物珍しそうに眺めていた。こんな学生ホールを持ち、あんな菓子を食べる慶応の学生は、噂に聞いた通り裕福なものだと早稲田の選手はただ感嘆するばかりであった。

二流同志の模範試合

一高天下の球界において、慶応と早稲田の一戦は都下第二流同志の試合であり、必ずしも衆目を惹くものではなかった。だが、新聞の「時事新報」や「萬朝報《よろずちょうほう》」で予告されていたこともあり、両校の学生の他、付近の正則中学、麻布中学の生徒や早稲田と縁故のある早稲田中学、青山学院、郁文館の生徒たちなども観戦にやって来た。

審判は一高主将黒田昌恵。黒田は途中で独逸協会へ転校したが、早稲田の鈴木豊とは水戸中学時代からの旧知であった。

午後一時三十分、慶応先攻でいよいよ試合開始となった。一回は両校得点なく、河野、桜井の両投手戦になるかと思われたが、二回表に慶応は早くも2点を先取した。これに対し、早稲田はその裏、何と一挙5点を奪って形勢を逆転させた。

この後試合は乱打戦となり、七回を終了して、意外にも8対7で早稲田が1点リードしていた。しかし八回表、慶応は打者一巡して一挙4点を占め、先進チームの貫禄を見せつけた。一方、早稲田も九回裏に二死から1点を加えたが、泉谷が二塁ゴロに打ち取られてゲームセット。結局11対9で慶応の勝ちとなった。

両チームの打ち合いは観衆にも多大の興味を与え、手に汗を握らせた。また従来、球界の弊習となっていた彌次は、両校お互いに礼儀を守り、極めて紳士的で喧噪《けんそう》はなく、少しもその声を聞かなかった。慶応と早稲田のこの試合は、ゲーム展開といい、観衆の態度といい、実に申し分のない模範試合と言えた。

慶応はいずれの点においても早稲田より一日の長があるため、周囲でもとても問題になるまいと思われていたが、早稲田は意外にも打撃面で大いに健闘し、善戦した。安打は慶応の十二に対し早稲田の十一、失策は慶応の十に対し早稲田の十一と、正に技量伯仲であった。

試合後、学生ホールに両校選手が集まり、茶話会を行った。和気あいあいと餅菓子を食べながら、戦況の追想に冗談もまじって歓談の花が咲いた。

すると、早稲田の主将橋戸がこう申し入れた。

「どうです。これからは春と秋とに一度ずつ、定期的に試合をやろうじゃないですか。」

「大賛成ですね。実はこちらも相手欲しやで困っていたんです。」

こうして、この茶話会の席上において「毎年春秋二期に定期試合を行うこと」「グラウンドは交代して行うこと」が決定された。

話は尽きないが、早稲田の選手は別れを告げ、また三里の道のりを歩いて帰っていった。

（注）『値段史年表　明治・大正・昭和』週刊朝日編（朝日新聞社・昭和六十三年六月）によると、明治三十五年頃の江戸前寿司の並一人前が十銭、天丼の並が一杯八銭、グローブが二円～二円三十銭。（一円＝百銭）

コーチ現れる

明治三十七年三月のある日、安部磯雄は依頼を受けて牛込の教会で説教を行った。安部は早稲田中学の講師でもあったのだが、散会後、息子が中学で安部に教えてもらっているという母親から良い情報を入手した。

息子は聖書学院の日曜学校で、若いアメリカ人の先生から野球のコーチを受けているが、その人は日本では見られぬ程の素晴らしい技量の持ち主であるというのであった。

その母親は、名前はもちろん、その他詳しいことは何も知らなかったため、後日安部が自分で手を回して探ってみると、その人物はフレッド・メリーフィールドという名前で、シカゴ大学の主将兼エース投手であったことがわかった。彼はキリスト教伝道の目的で来日し、牛込の東京学院（現・関東学院大学）で教鞭をとるかたわら、日曜学校に集まる少年たちに野球を教えていたのである。

シカゴ大学なら野球で強いことは全米に聞こえており、アメリカのスポルディング社発行の『野球案内』にも載っている有名校である。そこの選手だったとすれば、相当の腕を持っているに違いないと思った安部は、本人を自宅に訪ね、早稲田野球部のコーチ就任を要請した。
三十二、三歳であったメリーフィールドも最初は固辞していたが、安部が重ねて頼むと、最後は快く引き受けてくれた。運動選手などというと、ゴロツキの親類ぐらいに思っている日本社会であったため、彼が宗教家であることを安部は何よりも喜んだ。
コーチとして戸塚グラウンドにやってきたメリーフィールドは、初めの二、三日こそオフシーズンの調整ということで、ランニングと軽いトスバッティングだけを行い、選手たちを拍子抜けさせたが、その調整期が過ぎると、選手に息つく暇も与えぬコーチぶりへと変わった。

とても日本人の力では打てないような猛烈なノックを繰り出し、その球を受けとめると、グラブの厚い皮を通して手がしびれてしまう。一度取り損ないでもしようものなら、五、六回繰り返して猛球が飛んでくるのである。

彼の教えることには、日本の野球では見られない点が多く、そのやり方は非常に違っていた。例えば、外野手はフライを捕球後、内野手に球を返すようにしていたのを、外野から一気に本塁を刺すように教え、二塁手は二塁走者を牽制するため、その塁にへばりついて離れないようにしていたのを、二塁手も塁を離れて遊撃手とともに代わる代わる塁に帰って走者を牽制するように教えた。

中には、これが本場アメリカの最新式野球法なのだろうと思い、なるほどと感心することもあったが、やはり自己流の野球に親しんでいた選手たちにとっては腑に落ちないことの方が多く、メリーフィールドが教えてくれることをまだまだ是認できないでいた。

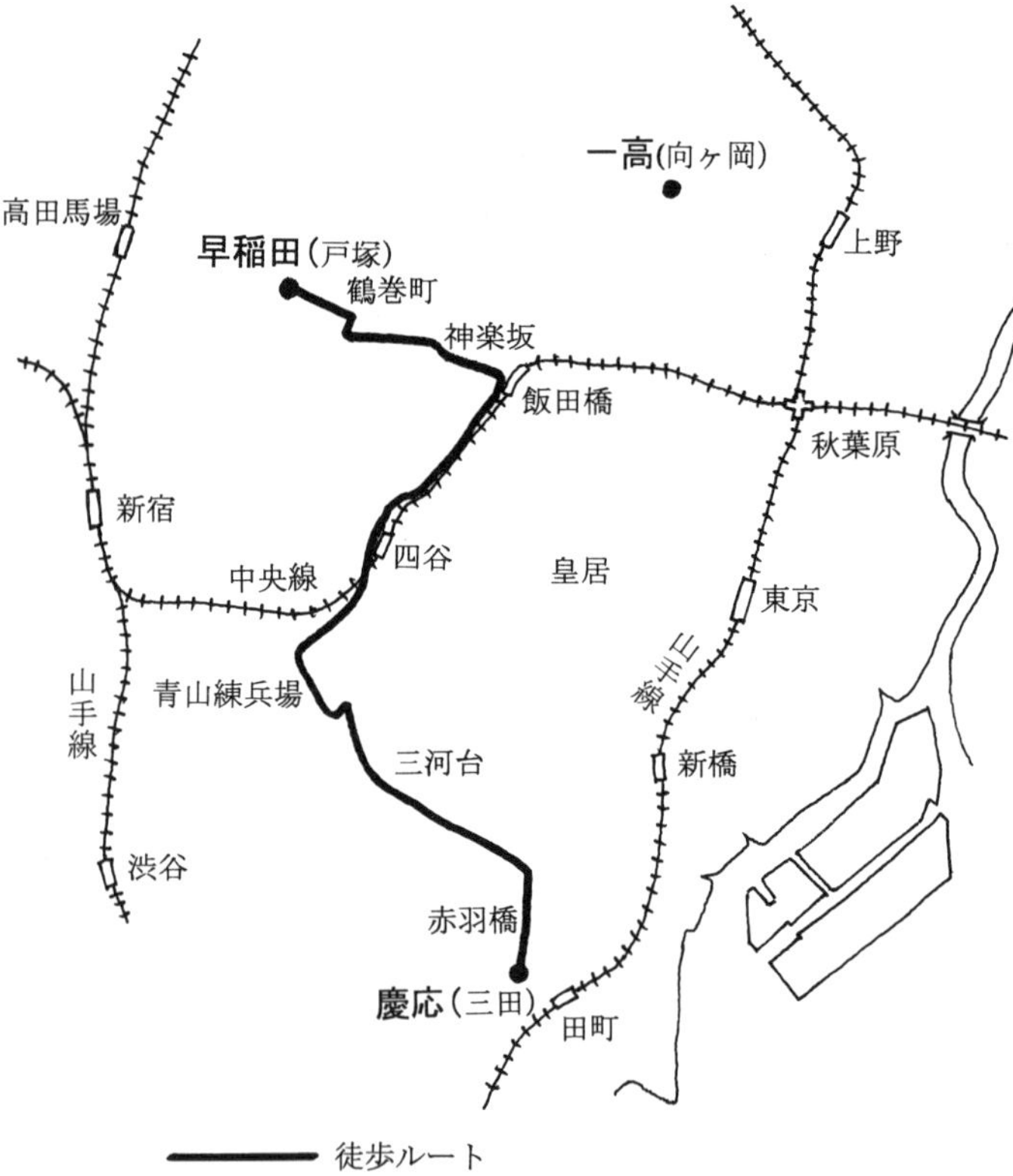

線路・駅名は現在のもの

明治36年11月21日、慶応との初めての試合で、早稲田選手が三田綱町グラウンドまで歩いたとされるルート〈推定〉

（現在の早大通りから外苑東通りに出て、早稲田通り、外堀通り、再び外苑東通り、桜田通りを歩くルート）

第二章 城南の虎と城北の獅子

——誕生した二大野球王国

一高を倒して球界の双璧となった慶応と早稲田の選手
中列中央が早稲田の安部磯雄部長（明治37年10月30日）
〈写真：早稲田大学大学史資料センター〉

一、奪い取られた一高の冠

時至れり

明治三十七年二月八日、日露戦争が勃発し、野球などは慎まなければならないところだが、目立たないようにやる分には差し支えないという安部の見解の下に、早稲田の選手たちは野球に余念がなかった。

そしてこの春、早稲田中学より山脇正治、神戸一中より陶山《すやま》素一が入部したので、一層陣容が充実した。メリーフィールドは、山脇の捕手としての技量を認めたため捕手の座につかせ、今まで捕手だった泉谷は、どこのポジションでもこなせる器用な選手であるため三塁へ回した。

早稲田はその新布陣で学習院を撃破することにし、五月二十七日、四谷仲町の学習院グラウンドで試合を行った。早稲田は一回に早くも5点を取られてしまったが、五回に入って一挙に7点を入れて形勢を逆転し、結局14対7をもって大勝した。

球界の重鎮学習院を圧倒した早稲田は、時至れりとして、いよいよ王者一高に試合を申し込むこととした。そして押川が、郁文館時代の同級生で一高二塁手の小林弥之助を訪問し、一高と試合をやりたい旨を告げた。

数日後、小林から練習試合承諾の返事をもらうと、早稲田は「練習試合を御願い致し度御許可相成度此段奉願上候云々……」という例の書式を一高に送り、辞を低くして練習試合をお願いしたいと正式に申し込んだ。

しかし、一高と試合をするとなると、問題は審判であった。不公平な判定をする守山恒太郎が審判となっては、相当の実力があっても勝てる見込みはない。

押川は、橋戸と非常に親しかった東京帝国大学の久保田敬一を審判に考えた。久保田はテニスを通じて橋戸と友達であり、一緒に旅行もする仲であった。そこで橋戸は久保田を訪ね、審判を引き受けることを承諾させた上、公平にやってくれることをも頼み込んだ。

そして一高との打合せの折、審判の話になると、

「ぜひ久保田さんにお願いしたい。」

と早稲田側から申し込んだ。久保田も一高の先輩である。一高としては理由もなく久保田ではダメだとも言えないので、久保田の都合さえつけば良いということになった。

久保田も不公平な審判をやるが、守山ほど露骨ではない。殊にこの時のように早稲田側から公平な審判を事前に懇願されては、公平にやらざるを得ないであろう。早稲田はこの作戦によってまず勝ったと思った。

一方、練習試合という形式で困るのはラインがないことであり、ラインがなければ打った球がフェアかファウルかわからなくなる。こんな時、審判は必ず一高に有利な判定を下すため、何とかしてこれだけは引かせたいと思ったが、一高では全く問題にしてくれなかった。

あぁ王者敗れる

ついに一高との試合ができることになった早稲田ではあったが、投手の河野と三塁手の泉谷が肩を痛めて万全ではなかったため、悲壮な気持ちで明治三十七年六月一日の試合に臨んだ。

一高は練習試合であるから当然打順は組まなかったが、早稲田のオーダーを見て、一高側は憮然とした。早稲田も打順は組まず、ポジション順なのである。押川はまず精神的に一高をのもうと考え、一高同様、打順を組まずに行くことを橋戸に提案し、橋戸もそれに賛同したのだ。

一高の先攻で試合が始まると、一高は一回に2点、二回に1点を奪い、3対0と突き放した。しかし、対する早稲田も二回に2点を奪って反撃している。

久保田の審判は公平といっても、一高の打者が振らずにいる球なら、よほど真ん中へ入らない限りストライクにはとらない。だが幸いなことに、今日の一高は積極的に打ってきた。

一高は早稲田を一気に退けるつもりでいたが、3対2のスコアは四回になっても変わらず、一高は焦り出した。特に黒田の投球にその様子が見え、完全に早稲田打線につかまってしまった。そして、五回に早稲田は一挙4点を入れたのに対し、一高は相変わらず無得点だったので、6対3となって形勢はついに一変してしまったのである。一高の彌次連はにわかに喧《やかま》しくなり、辛辣を極めた一高名物の猛彌次が早稲田の選手に雨と降りそそいだ。

一高側のこの劣勢を見て、守山恒太郎や長与又郎などの先輩が叱咤するのだが、それが逆効果となってしまい、ますます失策が出る。

七回に早稲田はまた1点を加えて、ついに4点差。八回に一高は1点を返したが、早稲田はその裏更に2点を取り、9対4と一高を圧倒した。

いよいよ最終回に入り、一高は必死に2点を入れたが、結局9対6で早稲田の勝利となった。早稲田の河野投手は四球十三を出して苦しんだが、肩の痛みをこらえて奮闘した。

こうしてついに向陵《こうりょう》（一高の別称）の覇業は崩れ、哀れ一高は私学早稲田に覇権を奪われたのであった。自ら野球界のオーソリティを以て任じ、「一高的野球は世界一なり」などと威勢を張った一高にとって、私学に屈服しなければならないのは、非常に堪えがたいことであった。

都下の野球界は「一高敗る！」の報に沸き立った。

石にかじりついても

一高は早稲田に敗れたその翌日、六月二日には早稲田よりも手強《ごわ》い慶応を迎えなければならなかった。

　この試合の審判は、慶応側の申し入れによって、早稲田との試合同様久保田と決まっていたため、慶応は選手一同すっかり安心して一高グラウンドへ乗り込んだ。

　また慶応はこの試合、早稲田と同じくポジション順のオーダーを組んだ。ところが、メンバー表を交換して一高のオーダーを見た慶応側は唖然とした。一高は正式に強打者を中心に据えたオーダーを組んでいたのである。

　相手を常に低く見て、日本人チームとの試合では決して正オーダーを組まずに、横柄な態度をとっていた一高が必勝のオーダーを組んだのであった。早稲田に破れた一高には、もはや覇者の貫録を維持する余裕などなく、「石にかじりついても勝とう。」という一念だけであった。

　そしていよいよ試合開始の時間となり、慶応の選手は守備につくと、アッと驚いて一瞬全員が棒立ちになってしまった。審判として姿を現したのは、久保田ではなく、守山だったのだ。主将宮原が、打順を待つ黒田主将の所へ二塁の守備位置から走ってきた。

「久保田さんはどうしたんです。」

「病気のため、代わりに守山さんにお願いしたんです。」

　それだけ答えて黒田は口をかたく閉じた。

「そうか、じゃ仕方がない。」

宮原はこう言って引き下がるしかなかった。

一回表、一高の一番打者小林は、慶応の投手桜井の猛球をものともせず、遊撃手の頭上を越す安打を打った。そして、一塁塁上に立つ小林に宮原が目をやった時、

「あッ！」

と思わず声をあげた。小林の後方にいる一高彌次連の中に、久保田の姿があるではないか。

「やられた……絶対に負けられん。」

宮原はそう思った。慶応の選手は我が勝利を信じて、審判のことには一言も触れなかった。この回、一高は1点を先取したが、その裏慶応はすぐさま3点を返して逆転した。そして三回を終了して7対2とし、5点をリードして慶応側はホッとしていた。

不公平審判を粉砕

一高と慶応の試合は、中盤から守山の不公平な審判ぶりがだんだん露骨になってきた。桜井が両方のコーナーをつく球はすべてボールにし、反対に黒田の投球は、慶応が見送ればすべてストライクにとるのだ。

一高は、五回と六回に1点ずつを加えたが、慶応も七回に2点を加え、依然慶応5点リードのまま八回に入った。

八回表、一高は一死後、両角と田代が続けて四球で出塁した。次の打者上野の打った球は、平凡なライトフライであったため、ランナーは二人とも走らなかったが、ライトの宮本が落としたので、それを見てびっくりしたように走り出した。

すると宮本はその球を二塁の宮原に投げ、宮原が球を受けた時は一塁から走った田代は二塁の九メートルぐらい前にいたが、もうアウトだと思ってラインの外へ出て帰りかけた。宮原はすぐその球を投手の桜井へ返し、慶応の選手たちもこれでツーアウトだと安心していると、守山がいきなり叫んだ。

「セーフ!」

田代は一瞬茫然としたが、慌てて二塁へ入った。抗議をしたいが、しても守山は聞き入れないし、それに5点差があるから大丈夫だと思って、慶応はそのまま試合を進めた。

すると、それ以降一高は安打を連ね、慶応レフトのトンネルもあって一挙5点をあげ、ついに9対9の同点となってしまった。一高の口汚い悪彌次の限りが慶応の選手に投げつけられた。

そして九回表、一高はエラーに乗じて1点を奪い、ついに10対9と逆転に成功したのである。

その裏、慶応最後の攻撃も七番宮本、八番湧川がもろくも凡退し、早くも二アウト。慶応の敗北は決定的と思われたが、次の九番高浜が遊撃強襲安打を放って出塁した。

ここで登場したのは、慶応の主砲桜井弥一郎である。桜井は最後の期待を一身に背負い、悠然とバッターボックスに入った。二アウトとなって安心していたのか、見ると一高の外野は前進している。桜井が満身の力を込めてバットを振ると、打球は快音とともに流星の如く延び、センターオーバーの長打となった。

センター両角は必死で追って球を拾うと、夢中で投げた。一塁ランナーの俊足高浜が生還して同点。打った桜井も三塁を回る。両角の返球を中継した遊撃の杉浦は、捕手の小西へ投げた。球は小西のミットへ入り、桜井も猛然とすべり込む。小西のミットが桜井の背中に触れた。一高は間一髪のタッチアウトだと喜び、大歓声をあげた。が、その瞬間、何とボールがミットからこぼれ落ち、地上に転々とした。

ホームイン！逆転サヨナラ!!さすがの守山もこれをアウトとは言えず、無言のままホームを睨んで棒立ちになっていた。11対10！慶応はついに一高を破ったのである。

新しい武道として

明治二十三年秋から三十七年春まで、実に十三年間向ヶ岡に光輝を放った花の色も栄枯盛衰の原理を動かすことはできず、官学一高の黄金時代は、私学の慶応と早稲田の台頭とともに崩れ去った。

しかし、球界の現状を早くも「慶応・早稲田の対立時代」と呼んだのは一部の人々であり、慶応や早稲田自身もただ一度の勝利をもって、一高覇業の誇りを完全に奪ったとは考えていなかった。世間でもまだ「一高、学習院、慶応、早稲田の四強対立時代」と呼び、十数年かかって築いた一高堅城のすべてが、一朝一夕の試合でなくなったとは考えていない。

だが、一高の頭から冠を奪い取って、四者の真中に置いたことは歴史的な重大事件であり、その意味において明治三十七年六月一日と二日、この両日は日本野球史上、特別な日となった。

こうして天下無敵の向陵にも、ついにその牙城陥落の日が訪れたわけだが、日本球界における一高の功績というのはあまりにも大きい。

日本古来の武士道的思潮が高まっていたこの時代、学校の方針というのはいわゆる「和魂洋才」で、先進国の学問知識、特に遅れている科学知識を取り入れた上、これを日本流に消化して自分のものにするところにあった。

一高は、外国の競技であるベースボールを単なる球遊びから脱皮させて、心に生かした〝新しい武道〟として、日本流に行ってきた。「根性を鍛え、魂を修養する」という大和魂の精神――。この精神を基調としたベースボール、いわゆる「武士道野球」が日本野球の礎石となった。

日本に野球が伝来してわずか二、三十年の間で普及発達したのは、一高の指導方針が精神一点に集中されていたからである。つまり、一高が日本野球を精神的に誘導し、立派な「野球道」として健全に育て上げてきたのだ。我が国は、一高が強かったことによって野球という競技のバックボーンが形成されていったと言っても過言ではない。

二、彗星のごとく現れた全勝者

球界の成金

慶応が一高を破った二日後の明治三十七年六月四日、慶応と早稲田の春の試合が行われることになっていた。向陵栄華の夢が破れた今、この一戦こそ、球界の覇権をかけた天下分け目の戦いとして、俄然世間に注目されることとなった。一高を下した早稲田と慶応、果たしてどちらが強いのか—。都下の好球家（野球ファン）の血は騒いだ。

この試合の審判は両校協議の上、学習院主将の新庄直知に依頼し、彼もまた快くそれを引き受けてくれた。新庄はこの大試合の審判を任されたことを非常の名誉と感じ、またその責任の重大さを感じ、万一の誤審を慮ってルールブックを寄せ集め、前夜は徹夜してそれらの本を熟読の上研究した。

試合当日は天気快晴、無風でもあり絶好の野球日和。その上土曜日ときているので、三田綱町グラウンドには、先を争って観衆が集まり、その数約五千人。正に見物人の黒山を築いた。

この観衆の中には一高や学習院の学生も多数混じっていた。学習院の各運動部選手一同は、自校より審判を出したのを名誉とし、一人も洩れず試合を見物に来ていた。慶応の野球も早稲田の野球も、ようやく天下の視線を買うだけの力を持ってきたのだった。

午後三時、早稲田先攻で試合が開始されると、一回表、早稲田は早くも一死満塁のチャンスを作った。ここで押川が遊撃を強襲して失策を誘い、いきなり2点を先行した。

その裏、慶応も二死ながら満塁の場面を作った。ここで、遊撃の橋戸が素早く二塁の後ろへ廻って二塁走者の宮原を挟んだが、この挟撃に加わった河野が暴投してしまったため、三塁走者時任を生還させてしまった。そして、続く桜井が二塁を抜いたため、宮原も生還して慶応は2点目をあげた。この回更に2点を追加して、慶応は4対2と逆転した。

こうして一回から猛打応酬、乱戦模様を呈したが、四回を終了した時点で7対5、慶応が依然2点リードしていた。

しかし、慶応は桜井投手が疲労のあまり、コントロールを乱してきたため、六回早稲田打線につかまって3点を奪われ、7対8とついに逆転されてしまった。

そして七回に入り、桜井の調子があまりに悪いので、センターから湧川泉次郎を呼んで投手に立て、桜井をセンターへ回した。

だが、湧川の軟球は桜井の剛球と違って打たれやすい。もともとコントロールがない上に、比較的年少で場慣れしていないため、四球を連発してしまうのだった。結局、早稲田に一挙3点を与えてしまい、慶応としては最悪の事態を招いてしまった。

九回表、早稲田がまた2点を奪ったのに対し、慶応は河野のカーブを打てず、五回以降得点できないまま、とうとうゲームセットとなってしまった。13対7、ついに早稲田が慶応に初めて勝ち、天下の覇権を掌握した。

慶応は投手桜井が奮わず、湧川への投手交代も裏目に出てしまった。また、失策を十四も出してしまった事も大きく響いた。

時は日露戦争の最中であり、日本は重大な局面を迎えていた。新聞には戦争記事と戦死者の名前がたくさん書かれていて重苦しかったが、「萬朝報」や「時事新報」などは、慶応と早稲田の試合の経過について詳細に掲載した。

早稲田はこの試合に勝利を収めたことで、この春における野球界の全勝者となった。野球部が創設されてわずか三年余り。彗星のごとく現れた早稲田は、正に球界の成金と言える。

安部はこの春の全勝を大変喜び、こう言って選手を激励した。

「この勢いで秋にも全勝したら、アメリカ行きが現実のものとなります。その幸運はもう半分、諸君の手の中に転がりこんでいるのです。」

連勝街道

明治三十七年七月二日、早稲田はアマチュア倶楽部の挑戦を受け、横浜で試合を行うこととなった。今や早稲田は、アマチュア倶楽部からの挑戦をも受けるようになっていたのである。試合は早稲田が八回までに18対3の大差をつけ、そして九回にはこの回だけで十安打10得点を加えて、28対3という途方もないスコアーを以て勝利をおさめた。

そして次に学習院が、五月の敗戦の復讐戦を早稲田に申し込んできた。学習院は名投手三島彌彦を擁し、メンバーも錚々《そうそう》たる連中がいたため、早稲田にとっても侮れる相手では決してない。三島の一風変わった投球が非常に打ちにくく、早稲田の選手は皆てこずっていた。

七月二十日、試合は早稲田の先攻で始まったが、一回表、早稲田が無得点だったのに対し、その裏早くも学習院が1点を先取した。以後そのままの状態が続き、五回が終了しても両校無得点で、早稲田は0対1と1点リードされ続けていた。

しかし、六回表に早稲田はついに2点を奪ったので、1点勝ち越したと喜んだが、その裏学習院もすかさず1点を追加して同点にした。

それからは河野、三島とも出来栄えがよく、息づまるような投手戦となり、回を追うごとに白熱してきた。そして九回も両校得点なく、延長戦に入っても十回、十一回と投手戦は続き、依然2対2の同点のままである。

もし、早稲田がこの試合に敗れるようなことがあると全勝が達成できず、アメリカ遠征が実現できなくなってしまう。一高、慶応、アマチュア倶楽部などを矢継ぎ早に倒してきた今までの連勝が吹き飛んでしまうのである。

しかし、十二回に入って早稲田打線はついに待望の1点を獲得した。一方学習院は、その裏無念にも得点できなかったため、早稲田が3対2で辛勝し、連勝を「五」と伸ばした。

この夏、早稲田の選手は夏休みになっても郷里に帰らず、戸塚グラウンドでメリーフィールドのコーチを受けて、七月の終わり近くまで毎日練習を積んだ。そして毎年恒例の夏期合宿練習を、茨城県の竜ヶ崎中（現・竜ヶ崎第一高校）の校庭を借りて二週間実施した。この合宿によって、チームワークも一層向上し、また守備も打撃もかなり上達した。

早稲田は九月二十四日に、再びアマチュア倶楽部と対戦し、17対2で勝って連勝を「六」と更に伸ばした。また、一高と慶応もアマチュア倶楽部と試合をしたが、一高は9対0、慶応は20対4で勝ち、日本の野球レベルの向上を示した。

全勝成る

慶応と早稲田の秋の試合は、十月三十日に行われることとなった。早稲田はこの試合に勝てば、明治三十七年度の全勝がついに達成される。つまり、この試合の勝利にはアメリカ遠征というとてつもない夢が託されているのである。

一方、慶応も夏は沼津で合宿練習を行い、春の雪辱に燃えていたが、頼みの投手桜井が肩を痛めていたため、もはや打撃によって早稲田を攪乱《かくらん》するより他はなくなってしまっていた。

試合場所は、初めて早稲田の戸塚グラウンドを使用することとなった。慶応の選手は三田から四谷見附まで電車で行き、そこから戸塚グラウンドまで徒歩でやってきた。

初顔合わせから一勝一敗互角の成績で、この日の一戦は両校の決勝戦とも言うべき試合である。その前景気たるや大変なもので、十月二十四日の「萬朝報」などは、「両校の決戦は野球界の新紀元となるもので、この勝敗に依って更に賑はしくなるであろう。」と書いていた。

これまで野球記事を大きく載せる新聞は、「時事新報」や「萬朝報」、「報知新聞」ぐらいなものであったが、もはや他の新聞も野球記事というものを無視できず、営業的にも大きく扱わずにはいられなくなった。一高を倒した慶応と早稲田の対戦が話題を呼び、少なくとも都下では野球が多数の読者の関心を惹くようになったのである。

北風強く曇り時々小雨とあいにくの空模様だったが、この絶好の一戦を見ようと、東都はもちろん近県地方より観衆が集まり、その数約一万有余。春の時に比べて観衆の数が倍になり、それぐらい凄まじい勢いで好球家たちの数が増えてきていた。

この観衆の中には早稲田の鳩山和夫校長夫妻や前島密前校長といった珍客も見うけられ、アマチュア倶楽部の選手数名、一高をはじめ各学校からも観戦に来ていて、稀に見る盛況ぶりであった。鳩山校長の春子夫人の見物は誠に異彩と言うべく、グラウンド内で野球を観戦した最初の日本人女性である。

試合は一高OBで東京帝大の久保田敬一の審判で開始された。

一回表、先攻の慶応は投手河野をよく攻めて、いきなり3点を先取した。一方、早稲田は一回こそ無得点に終わり心配されたが、二回に2点、三回に1点を奪って、たちまち同点とした。慶応は最初から湧川をマウンドに立たせ、桜井に三塁を守らせた。しかし、湧川は春同様制球力に欠けていて、コントロールが悪すぎる。

そこで橋戸はここに付け込み、スリーボールになると、右のバッターボックスから左に転じて、そのまま四球を奪った。これには慶応側から抗議があったが、規則の明文にはそのことをどこにも記していないので、結局そのまま出塁となった。

この試合中、橋戸は自分だけでなく他の選手にも命じ、右打者のカウントがスリーボールになると、「左!左!」と連呼してボックスを変わらせた。湧川は右から左にボックスを変えられると、ますます調子を崩し、必ず四球を出してしまうのだった。

こうして試合は、12対8で早稲田の勝利に終わった。ついにこの年の全勝を達成したのだ。

しかし、早稲田はこの勝利には不満であった。何しろ8点も取られた上に、安打数は五対九と劣り、四球十七と死球二で勝ったようなものである。

偉大なる理解者

安部磯雄は、嘘をついて選手を激励するような人物では決してない。いよいよアメリカ遠征実現のための準備活動にとりかかろうと、まずは大学当局の許可を得ることから始めた。

しかし、野球界の形勢は渡米を実現するにはまだあまりに微力であり、野球を以て渡米するが如きは、破天荒の暴挙と言えた。

しかも、時正に日露戦争の真っ最中で、この後の戦局はどうなることかわからない。バルチック艦隊はすでにシンガポールを通過して、刻一刻と日本に近づきつつある。国論沸騰、打倒ロシアの声全国に漲《みなぎ》り、日本は国家の興亡をかけた非常時に直面しているのだ。

大学当局からもこの時局下で学生がベースボールなどやりにアメリカへ渡るとは全く狂気の沙汰《さた》だと非難され、一笑の下に葬り去られる状況にあった。

「安部君、まさか気が狂ったんじゃないだろうな。」

こう言って多くの大学幹部はとりあわず、当然のこととして許可しなかった。

安部はこの情勢を見て、直接大隈へ相談してみることにした。衆議に計れば、反対が多くて揉み潰されてしまうが、大隈の了解さえ得られれば、それで万事解決する。幸いアメリカ遠征の企図については、戸塚グラウンドの新設をお願いした際すでに話してあるので、安部は大隈邸を訪れ、すべてをぶちまけて頼んだ。

大隈は新しいもの好きだけに、その話にも大変興味を持って聞いてきた。

「アメリカへ渡って、どういう風に試合をするんじゃ。」

安部はまず、アメリカの野球がいかに隆盛であるかということを説明した後、「野球部は、渡米中はアメリカの各大学や職業野球団と数十回の試合を行う。アメリカでは見物人から入場料一円(注)を取るので、その入場料のうち、実費を差し引いた三分の二を早稲田がもらうことにすれば、一試合で六千円程度の収入になる。往復共約三ケ月の予定でそれだけの試合を行えば、少なくとも十万円の利益を持って日本へ帰ってくることができる。」ということを懇々と話した。

そして安部は更に続け、「渡米で得た余剰金で、山形有朋の椿山荘から大隈邸に続く、いわゆる早稲田田圃を買い取って堤防を築く。更に面影橋付近にも堤防を設け、ここに江戸川の清流を呼び入れれば、理想的な湖ができる。これは早稲田の学園に景色を添えるだけでなく、ボートの練習にも役立つ。また、大学の敷地を江戸川べりまで買い潰して大運動場を作る。そうすれば、早稲田大学は全スポーツの一大殿堂となって斯界に君臨することができる。」という運動施設を拡張する一大計画を打ち出した。安部はアメリカ遠征によって、必ずこれを実現したいと大隈に訴えた。

大隈はこの話を聞いてたちまち大乗り気になり、

「それは面白い。我輩も大賛成である。」

と言った。そして、

「旅費等の費用の方はまず大学に相談してみるがいい。しかし、もし具合が悪いなら自分一人で引き受けてもよい。」

とまで言ってくれた。

安部は更に日露戦争中であることについての考え方をこう説明した。

「アメリカ遠征をすれば、アメリカでは日本が国を賭けての戦争中であるのに、大学の野球部がアメリカ遠征を敢行するほど日本の国力は余裕があるのだろうと認識を改めるでしょう。」

「戦争はその方の係りである軍人がやっている。学生には学生のなすべき道がある。そんなことに関係なく、大いに見聞を広めてくるのがよろしい。どんな困難を冒してもやりなさい。もし、政府から何とか言ってくれれば、我輩がかけ合おう。」

大隈はスポーツ外交の意義を理解していたため、反対するどころか、こう激励してくれた。

（注）『日本の物価と風俗135年のうつり変わり』（同盟出版サービス・平成十三年九月）による明治三十七年頃の値段と平成七年の値段を比較し、その平均の値上がり倍率から換算すると、明治三十七年頃の一円は現在の約一万円に相当すると思われる。よって渡米の利益として掲げた十万円は、現在の約十億円相当。

世紀の大英断

大隈からの連絡と安部の要請によって、早稲田大学理事会は早速、野球部のアメリカ遠征について討議すべき会合を開いた。

この会合には鳩山和夫校長や創立初期から早稲田学園を今日まで育て上げてきた三尊の高田早苗、天野為之、坪内逍遙などの大幹部をはじめとして、田原栄、大隈信常ら七、八人の幹部が列席したが、そのうち鳩山校長だけがいささか乗り気で、他は無謀の挙として大反対であった。幹部が最も心配したのは遠征費をどうするかということである。

安部は風呂敷包みの中から、『野球案内』を取り出して、大隈の時と同じように説明した。

「これによると、ニューヨークでは一試合に四万人、ボストンの試合には三万五千人の見物人が入っています。学生野球の場合は、職業野球ほどの見物人はいないとしても、仮にその四分の一の一万人が入ると仮定します。入場料は一円で、我々は遠征チームですからその三分の二を頂戴するとすれば、一試合で少なくとも六千円の分配金が得られます。向こうに行ったら最低二十試合はできるでしょうから、一試合平均六千円の収入があるとして十二万円。そのうち実費として入用なのは二万円ぐらいだろうと思います。」

「それなら君、十万円残るじゃないか。」

「はい。私はそれをアメリカ遠征の手土産として持って帰りたいと思っております。」

安部はこう力説した。他の人が言うのだったら全くのダボラとしか聞こえないこんな夢物語も、信用ある人格者の安部の口から出ると、いかにももっともとしていたので、野球の事情に疎い幹部たちは、そんなものかと感心して耳を傾けていた。

しかし、安部自身もアメリカにおけるその野球の盛況ぶりを実際に見たことがあるわけではなかった。あくまで、書物や新聞雑誌によって得た知識である。

安部の留学先のハートフォード神学校は宗教学校で野球部などなく、ハートフォードの町そのものが人口わずか十万の小都市であったから、一流の職業野球団はもちろん、二流、三流の野球団さえ存在していなかった。そのため、アメリカ留学中は一度も野球の試合を観たことがないし、野球の存在自体全く知らなかったのである。

その安部が初めて野球を知るようになったのは、帰国後、母校同志社大学の教師となっていた時のことであり、また早稲田に来て、野球部を預かるようになってから、アメリカの新聞や雑誌でメジャーリーグの存在も知ったのである。

いずれにせよ、大学の損にならないばかりか、そんな大きなプラスの見込みもあるのであれば、幹部の誰にも反対はなかった。理事会はあっさりと野球部の渡米決行を可決し、その費用として五千五百円の貸与を決めた。そして、アメリカへ上陸してからの旅費や滞在費は、試合の入場料の分配金でまかなうことになった。

こうして、早稲田野球部のアメリカ遠征は大学当局に正式に許可されたのである。安部は早く対戦する相手を決めなくてはと思い、早速その行動に移った。

「我らは日本における野球界の優勝者となった。ついては貴地に渡って貴校と試合をしたいが、都合はどうであろうか。」

十一月中にスタンフォード大学とカリフォルニア大学にこう打電し、早稲田大学は日本の代表チームとしてついにアメリカへ試合を申し込んだ。

津々浦々の大反響

年が明けて明治三十八年一月三十日、早稲田の打電に対して、ついにスタンフォード大学野球部のマネージャー、バーレットから返事がやってきた。

「当大学は御校の今回の申し込みを喜んで承諾するが、その遠征費用についてはどのくらいの保証をすればよいか。」

スタンフォード大学は試合挙行の件は承諾してくれたのだが、早稲田大学側の渡航費や滞在費等の負担を大いに心配していた。安部は一定の保証金よりも入場料の歩合を要求する方が遥かに有利だと考え、「渡航費と滞在費は自弁とするが、その代わり入場料の三分の二を頂戴したい。」という条件を以て返電した。

するとニ月二十五日になって、スタンフォード大学から快諾の返事が届いた。

「委細承知した。当大学においてできる限りの援助をするから、渡米した方がよかろう。四月にはアメリカに着くようにせよ。」

この電文を読んだ選手一同は、いよいよアメリカへ行けると小躍りして喜んだ。カリフォルニア大学からはついに返事が来なかったが、もはやそんなことは全く気にならなかった。

早稲田のアメリカ遠征計画は、いつしか世間でも噂にのぼり、その噂は全国津々浦々、日本の隅々にまで広まって、人々に大きな感激を与えた。

大隈重信もある外交的会議の席上で、

「早稲田の野球チームはアメリカ遠征をすることになっている。」

と話して、野球が何であるかを知らない老政治家たちを煙に巻いて大得意であった。

早稲田大学当局が何よりも気にしていたのは、時局をよそにして野球競技のために学生をアメリカに渡航させるなどということが、軍国下にあるまじき不謹慎、軽率、非愛国行為として、世間の非難を浴びるのではないかという一点だったが、その心配はどこにもなく、正に戦勝国の栄光に錦上花を添えるものとして称賛され、内外の声援も物凄かった。

人気童話作家で早稲田大学ドイツ文学講師の巖谷小波《いわやさざなみ》は、極めて雄渾かつ勇壮な歌詞で「遠征野球団の歌」を作って野球部を励ました。曲は滝廉太郎の「箱根の山（箱根八里）」の譜を用い、その歌の響きは若き日本青年の勇ましさそのものであった。

チョン髷《まげ》の日本代表

早稲田のアメリカ遠征は、どこへ行っても誠に天下の快事、空前の壮挙として湧くが如き好評であり、各方面から絶賛の声がわき起こった。

確かに一部にはこれを妬《ねた》む者やその無謀を嘲《あざけ》る者等もいたが、早稲田選手は平然と準備を急ぎ、一月の旅順口陥落以来、相次いで来る勝報を、やがてはアメリカで行う試合のそれのごとく考えて、毎夜まだ見ぬアメリカに心を飛ばしていた。

一方、アメリカではスタンフォード大学が、早稲田大学からの試合の申し込みを受けたことを発表したところ、その反響は同大学の当事者も驚くほどで、盛んというより熱狂的であった。アメリカは日露戦争で日本びいきになっていたため、七十有余の新聞は争って種々の記事を掲げ、その報は広くアメリカ全州に渡った。

「サンフランシスコ・ヘラルド」などは次のように論じており、この記事こそアメリカの歓迎ぶりを示す世論の代表と言えた。

「日本は太平洋彼岸《ひがん》の蕞爾《さいじ》たる一小国を以て、今や世界の大国露西亜《ロシア》と戦って居るにも拘《かかわ》らず、国民は皆綽々《しゃくしゃく》たる余裕を有せる如《ごと》し、現に早稲田大学野球部が我がスタンホード大学に競技《マッチ》を申込みしが如き、何たる勇ましき態度ぞ、スタンホード大学たるもの、快然として之れに応ずべき也」

（押川春浪《しゅんろう》〈野球遠征隊〉「中学世界」明治三十八年四月発行）

また、シカゴの「ザ・インターオーシャン」では、日本人選手がチョン髷をのせ、高下駄ばきでプレーをしているポンチ画を載せていた。アメリカでは日本の文化はほとんど知られておらず、アメリカ人の日本に対する認識は、まだこの程度であったのだ。

日本のスポーツチームとして初の海外遠征を行う栄えある十二名の選手は、三月になって渡米用にユニフォームを新調した。薄い小豆《あずき》色の地に海老茶色のローマ字で「WASEDA」と胸に縫いつけた毛織のものである。また滑り込みのため半ズボンは綿入りで縫い刺しした刺し子のパンツにし、従来の足袋はだしに脚絆では野蛮であろうと、白ズックの編み上げ靴に改めた。そして、海老茶色の二本線の入った帽子と海老茶色のアンダーシャツ。このユニフォームは大学近くの洋服店がアメリカの型を採用して作成した。

アメリカの大学にはカレッジカラーがそれぞれ決まっていて、その色を一見すれば、すぐ何大学かがわかるようになっている。早稲田野球部としては今回の渡米にあたり、メリーフィールドのアドバイスで、彼の母校シカゴ大学のカレッジカラーと同じ海老茶色を早稲田のカレッジカラーにすることとした。

報復の送別試合

いよいよ早稲田が花の征途に着く二週間程前になって、突然慶応から試合の申し込みがあった。送別の意味をもって一戦相見《まみ》えたいというのである。

しかし、その真意は昨春秋二戦の敗北と野球の後輩である早稲田にアメリカ遠征を先んじられた無念さを晴らそうというものであり、名こそ「送別試合」であるが、慶応にとっては正に雪辱を期した報復戦であった。

早稲田では驚いた。皆渡米の準備に忙殺されていて、とても試合どころではない。しかも、押川が二月に腸チフスを患い、まだ病み上がりのため野球はできないし、また、山脇も練習中に左親指を裂いて四針程縫ったため、やはり試合には出場できそうもない。

慶応の厚意には感謝するが、不十分な戦力で戦っても意味がない。ましてや、これから渡米しようという大事な時に、もし負けたら大変である。選手の中には難色を示す者が多かったので、この試合を断りたいと安部に申し出た。

しかし、安部はそんな勝敗のみにこだわる小さな考え方が嫌いであった。善意は善意として素直に受けるべきで、勝敗を論ずべきではないという考えであった。

「諸君が慣れぬ洋行準備に忙殺されていることはよくわかりますが、いやしくも尊敬すべき相手から送別の意を表したいといってきたのをむげに断ることは礼儀ではありません。勝敗はいかがであろうと、慶応の厚意はお受けするべきです。万一負けてもいいではありませんか。アメリカへ渡って聞かれたら、我々よりも強いチームもありますと答えれば、かえって日本の野球界は尊敬されることでしょう。」

安部の考え方の大きく、広いことに選手たちはただ感服するばかりであった。

確かに友情を込めた送別試合をむげに断るわけにもいかないし、しかも敵に後ろを見せるのは潔しとしない。選手一同は気が進まないながら、この申し入れに応じることにした。

前年の敗辱を雪《そそ》がんとする慶応と、渡米直前を華々しき勝利で飾ろうとする早稲田。この一戦は俄然世間の注目を惹き、運動に趣味がある者もない者も、待ちに待って試合の噂をした。

連勝止まる

明治三十八年三月二十七日、一高ＯＢで東京帝大の長与又郎審判の下、早稲田渡米の送別試合が行われた。出発の八日前である。

早稲田はやはり渡米の準備で試合どころの騒ぎではなく、この日は用具の準備さえもろくにして行けなかった。また押川が出場できず、山脇は指の負傷をおして何とか出場することにしたが、十分の活躍は望めない状態であった。

三田綱町グラウンドの入口には、後から後から潮のごとく観衆が詰めかけ、果ては屋根の上、立木にまで登って、この晴れの試合を見逃すまじと定刻前からひしめいた。

早稲田は新調したばかりの渡米用のユニフォームを着用し、白い靴も履いている。足袋はだし姿の慶応とは実に対照的な姿である。

慶応の投手桜井は、いつしか肩が回復して絶好調であった。その以前にも優るスピードの猛球は初回から早稲田の健棒を抑え、早稲田選手を悩ました。桜井がこの調子で、もしも河野が打たれたらどうなるかわからないと心配されたが、幸い河野の調子も桜井と相譲らず、そのコントロールの良さは慶応打線を巧みに退けた。

こうして両投手が踏ん張り0対0。六回まで両校ともにチャンスがなかったが、七回裏、慶応は二死三塁の場面で桜井がライトライナーの安打を放ち、ついに貴重な先取点をあげた。

回はこのまま九回となり、観衆は固唾《かたず》を呑み、手に汗を握って、ただ瞳を凝らして試合に注目した。早稲田はこの一戦に敗れるようなことになると、せっかく築いた覇者の栄誉を失墜することになるのだ。

だが、早稲田は最後まで桜井の猛球を打ち崩すことができず、結局0対1で敗れてしまった。

くしくもこの敗戦の日を挟んで、新聞が早稲田の渡米について報じていた。三月二十六日の「萬朝報」では安部磯雄の寄稿「早稲田大学野球選手の米国行に就て」が大きく掲載され、二十八日の「報知新聞」では「早稲田大学野球選手の米国行」と題して、渡米計画の詳細（四月四日に汽船コレヤ号で横浜を出帆すること、渡米選手十二名の氏名、大学側の五千五百円の支出、入場料分配の考え方、米国における前評判、上陸後の試合計画など）がこれまた大きく掲載されていたのだ。

この国際的大計画の発表と送別試合での敗北。二つの時期が重なるというタイミングの悪さもあって、試合の翌日以降、早稲田大学の幹部や校友から抗議の声があがってしまった。

「何だ、あの様で渡米するとは」

「あれじゃ仕様がない。」

「渡米は中止したほうがよい。」

殊にこの大英断に対し、妬んだり反対したりしていた連中は、何とかしてこれを機会に中止させようとした。また世間でも、「早稲田は決して日本の代表者にあらず。」と罵る非難の声も出始めた。しかし、安部は頑張り続けた。

「すでに決まっていることを動かす必要はありません。試合ですから勝つこともあれば負けることもあります。負けた度毎に何らかの懲罰があるようでは困ります。去年一年間全勝したのですから、今送別試合で慶応に負けたからといって渡米を中止することは無論できません。」

結局、大学当局が今更中止命令を下す必要もないと判断したので、早稲田野球部は予定通り、そのまま渡米することになった。

三、破天荒のアメリカ遠征

いざアメリカへ

選手は一ケ月の休学を取り、いよいよアメリカへ出発する明治三十八年四月四日を迎えた。

その朝、新橋駅は空前の賑わいを見せ、選手を見送りに来た早稲田の学生たちが「遠征野球団の歌」を盛んに歌って気勢をあげた。コーチのメリーフィールドや慶応を代表して宮原主将も見送りに来てくれた。

また、女学校では校規として男の中に出ることを非常に厳しく制限していたにもかかわらず、女学生も大挙して押し寄せていた。それぐらいこのアメリカ遠征は人気があったのである。

午前九時三十分、ついに汽車が横浜へ向けて出発するとなると、校友、家族、鳩山校長以下大学職員や運動部員が百数十名、プラットホームに立って、「万歳」を唱えて送ってくれた。

そして、一行を横浜まで見送ろうとする人々は同じ汽車に乗り込み、到着するまで選手とともに「遠征野球団の歌」を勇ましく歌い続けた。横浜に到着すると、ここでもまた多数の見送りが待っていて、その中には夫人を連れ立った慶応野球部長名取和作教授もいた。

いよいよ午後三時、一行が乗り込んだコレア号が、今しも岸壁を離れるとなると、「早稲田万歳」「勝ってこい」「しっかりやってくれたまえ」という勇ましい声が次々に沸き起こった。見送る人々は岸壁に立って旗を振り、ここでも「遠征野球団の歌」を合唱した。

やがて、海面を渡って流れてくる声も聞こえなくなり、祖国日本の陸地は次第に遠くなっていった。こうして、日本最初の海外遠征チーム早稲田大学野球部は、天下の期待と羨望を一身に担い、そして多大の抱負と希望を胸に抱き、ついに出発した。

四月二十日早朝、一行は十六日間の航程を無事終え、サンフランシスコのゴールデンゲート湾口へ到着した。日本を代表して来た選手だというので、アメリカでも大分評判になっており、気早い新聞記者などはカメラを携えて、まだ選手たちが上陸しないうちに船中につめかけて撮影をするという有様である。

一行は大分疲れていたが、各新聞社の取材に応じ、そして、午後三時からメジャーリーグの試合を見物に出かけた。スポルディング社の支店長オフルが親切に案内してくれ、入場料を支払わずに、しかも一番良い席で観せてくれたのである。

オフルは一行を歓迎する意味で、ボール一ダースを寄贈してくれたが、その上、同社社長のスポルディングも早稲田一行の渡米を非常に喜んでくれ、履いたことのないスパイクシューズや良質なグローブやバット類、総額四百円相当の用具を無料で進呈してくれた。
次の日の「サンフランシスコ・エグザミナ」「サンフランシスコ・トレビユン」には、チョン髷に裃《かみしも》をつけ、大小二本の刀をさした侍がバットを持ってアメリカ人を睨んでいる漫画が記事とともに出ていた。そしてその横には、
「今度、日本人の野球チーム早稲田大学チームが来朝した。先年豪州チームが来たが、これは試合をしなかったから、これが我がアメリカ人以外のベースボールチームの最初の来征である。彼らは相当に強いそうである。そして、試合に臨む折はかく大小の刀をさして来るかもしれない。」（サンフランシスコ・エグザミナ）
「ロシアに大勝している日本人は戦争で勝った勢いで我らの国技ベースボールを以て戦わんと来朝した。面白いことである。」（サンフランシスコ・トレビユン）
などと書き立てた。
（〈意気凄じく早大渡米〉『日本野球史』昭和四年七月）

本場初の国際試合

サンフランシスコの一等ホテル「セントフランシス」に一泊した早稲田一行は、四月二十一日、汽車でスタンフォード大学の所在地であるパロアルトに向かった。パロアルトはサンフランシスコから汽車で一時間ばかり行った所にある、人口二万人ぐらいの田舎町で、スタンフォー

ド大学の他にはほとんど何もなかった。

十六日間の船中生活のために、上陸してもかなり疲労を感じ、その上、不慣れな土地に気候の変化、時差、飲食物の激変にコンディションはかなり悪かったが、次の日からスタンフォード大学のグラウンドに行って、毎日二、三時間ずつ練習を行った。そして異郷の地に過ごすこと約一週間、旅の疲れも取れたので、四月二十九日にいよいよスタンフォード大学と試合を行うこととなった。

この試合は、アメリカにとっても初の国際試合だということで大いに人気を呼び、遠く南カリフォルニアからワシントン州から、ベースボールが何であるかを知らない人々までが汽車に乗って集まってきた。

サンフランシスコは日本人移民の多いところだが、母国日本のベースボールを見ようと、千人ばかりの在留日本人が見物にやってきた。またアメリカ人も「日本という国にもベースボールがあるのか。」と好奇の目を光らせ、これも千人ばかり見物にやってきたから、見物人の総数は二千人程度となった。

しかし、計二千人という見物人の数は、安部磯雄の予想を大きく裏切ったものであった。『野球案内』一冊を頼りにし、アメリカの大学と試合をすれば、見物人が一万人ぐらいは来てくれるものと思っていた安部としては、完全な見込み違いをした形となってしまった。

アメリカ強し

試合はスタンフォード大学の先攻で開始されたが、先取点をあげたのは何と早稲田であった。一回は双方得点なく、二回表もスタンフォード大学は無得点であったが、その裏早稲田は出塁した橋戸がパスボールで二塁に進むと、河野が二塁手の頭上を越すヒットを放ち、橋戸が一気に生還した。この早稲田1点の先取点に日本人は拍手喝采、大いに歓喜した。

しかしその後、早稲田はなかなかランナーを出せないでいるが、スタンフォード大学はランナーが出るとすぐにバントを用いて次の塁へ進めた。殊にランナーが三塁にいる時は必ずバントを行い、三塁ランナーがタイミングよく本塁へ滑り込んでくる。その度毎に早稲田はどうしてよいのかわからず、ただ茫然として得点を許してしまうのだった。

日本の野球ではバントのことを「ブント」と呼び、まだこの技術を戦術として用いることはなく、打者はいつでも力の限り強打するのが常であった。しかし、その中でただ一人早稲田の泉谷祐勝だけがこのバントを時々やっていた。

泉谷は神戸一中時代、神戸に着く米艦や神戸アマチュア倶楽部などとよく試合を行っていたが、外国人選手の足の速い者はいずれもバントをやって一塁に生きた。そのため、泉谷らにはそれが非常に困ったことで、いつも悩みの種となっていた。

だが足の速い泉谷は、そのうち自分でも見様見まねでバントをやってみると案外うまくいくため、彼は時々セーフティバントをやるようになった。

そして、早稲田に入ってからも万策尽きてくるとセーフティバントをやることがあったが、これを見た安部が、

「泉谷君、そんな卑怯な真似をしてはいけません。打つなら打つ、避けるなら避けるでどちらかハッキリしなさい。打つのか打たないのか分からず、まるでいやいやバットを振っているようです。攻撃はよろしく正々堂々とやりなさい。」

と懇々と訓戒するので、泉谷もついにバントをやらなくなってしまった。

ところが、そのバントが今、野球の本場アメリカで自分たちを悩ましているのだから皆はあきれた。見る見る早稲田は窮地に陥り、敵が回を追って得点していくのに、早稲田は二回に得たわずか1点のみである。

スタンフォード大学はとてもアマチュア倶楽部のような烏合の衆ではない。各選手は口々に何か叫びながらお互いに励まし合い、そして、年棒六千円(注)を支払っているというコーチのレナガンを中心として統制がとれたチームである。コーチにベースボールの大家を聘《へい》して賃金を支払っていると聞いただけでも、早稲田の選手にしてみれば驚くべきことであった。

この試合、早稲田は後半になってエラーを続出したため、とうとう1対9で大敗に終わって

しまった。スタンフォード大学に取られた9点はほとんど早稲田のエラーによるものと言わねばならない。日本の覇者早稲田も、技術的にはスタンフォード大学の敵ではなかった。

（注）『物価の世相100年』岩崎爾郎（読売新聞社・昭和五十七年七月）によると、新聞小説家として朝日新聞に入社した夏目漱石の明治四十年当時の年棒は三千円。

二つの銀杯

早稲田大学対スタンフォード大学の一戦は、日本にとってもアメリカにとっても、歴史始まって以来の海外遠征による国際試合であるため、勝敗は別にして最大のエポックメーキング（新時代を開くこと）な試合だったと言える。

早稲田はこの試合ですっかり実力の差を認め、以後は勝敗よりもひたすら彼らの長所を学びとることに努めることにした。

日本遠征軍を迎えた在留日本人は大歓迎であった。スタンフォード大学との第一回戦の翌日、サンフランシスコの早稲田校友会の発起により、選手の歓迎会が開催され、八十有余名の人たちが集まってくれた。

そしてこの会で、選手はサンフランシスコの日本人協議会から記念品の寄贈を受けた。それは、早稲田選手と日本球界のための二つの銀杯で、出来次第日本へ送ってくることになった。

当初協議会としては、渡米記念に三百円の予算で銀杯を一つ贈る予定だった。しかし、安部が早稲田大学だけでこれを頂くことは不本意であると考え、予算を折半し、一つ百五十円の銀杯を二つ造って、一つは早稲田の渡米記念銀杯、もう一つは、毎年一番優秀な成績をあげた優勝校が一年間所持するという日本球界の優勝銀杯としたい希望を伝えたため、協議会側もそれに賛同したのであった。

五月二日の第二回戦では、河野投手があまり打たれず好投し、バントに対する用意も考えていたので、敵の猛襲を巧みに切り抜け、1対3で惜敗した。早稲田のエラーによる失点は1点のみであり、敗れたというもののクロススコアで非常に面目を施した。

アメリカ人投手の技術は非常に発達し、球の

早稲田選手とアメリカ遠征先のスタンフォード大学選手
（明治38年４月29日）〈写真：「早稲田学報」明治38年８月、早稲田大学校友会〉

スピードや曲がり方も到底日本人の間で見ることができないレベルであるため、初めのうち対応できないのは無理もないことであった。

スタンフォード大学との試合は二回とも見物人の数が予想をはるかに下回り、あまり収入が見込めなかったが、同大学では、実費を差し引いた入場料全部を早稲田へ贈ってくれた。

奇跡の鉄腕投手

選手らが練習を行ったり、在留日本人等とのレセプションに出席している間も、安部は各地の大学へ手紙や電報で試合の交渉をするなど大わらわであった。何せ初めてのことであるから、一つの試合が決まるのは簡単なことではない。

とにかく、渡米中における安部の骨折りは並大抵のものではなかった。通訳はもちろん試合の日程や入場料の交渉、内外人との応対、ホテルの申し込みと部屋割り、汽車の切符手配や発着駅での世話、それから一行の監督、病気者を出さぬように気遣い、その間に頼まれれば、日本の国情紹介やその他講演にも進んで出かけるという有様である。

マネージャー、コーチ、トレーナー、プロフェッサーとすべてを一人で兼ねたもので、安部なしでは到底実行できない遠征であった。しかし、このように安部が一切のことをやりこなしてくれるおかげで、選手らは本場アメリカの野球技術の吸収に専心することができたのである。

また日本では、「東京朝日新聞」が五月九日より、安部磯雄の〈早稲田大学野球選手渡米記〉を連載して注目を集めていた。

早稲田選手一行は、スタンフォード大学との二回の試合を終えると、今度はサンフランシスコからロサンゼルスへと廻って試合を行っていくことになった。しかし、スタンフォード大学戦のように相手を見定め、その用意の練習をした後に試合をするといった悠長なことをいつまでも続けているわけにはいかず、翌日の五月三日から田舎芝居の旅興行のように、次から次へとほとんど連続的に試合を行わねばならなかった。

早稲田がこの遠征で最も痛感したのは、アメリカのチームは多くの投手を持っているということである。どこのチームも必ず二人以上の投手を持っていて、連続試合があっても一人の投手が続けて投げるということは決してない。だが河野は三日連投、四日連投の離れ業をやってのけ、しかもあまりひどく打たれることがないので、アメリカ人は奇跡のように驚き、新聞では〝Iron man. Kono〟と報じ（安部磯雄〈早稲田大学野球選手渡米記〉「東京朝日新聞」明治三十八年六月二十二日）、いつの間にか「鉄人河野」「鉄腕投手河野」というニックネームがついて広くアメリカ中に知れ渡った。そして、これが一時アメリカ人の間に〝日本人の異常なる辛抱強さ〟として宣伝されたのだった。

だが、その河野もアメリカへ来て二十三試合目のワシントン大学との試合で肩の不調を訴えて五回から降板し、橋戸と投手を交代することとなった。さすがの鉄腕投手もついに肩に痛みを感じ出し、投手を務められなくなってしまったのである。

橋戸はもう二年近く投手を務めていないのでどうであろうかと皆心配したものの、彼はスローカーブを以て大いに敵を苦しめ、ワシントン大学に1点も許さなかった。

しかし、この試合はそれまでの失点が大きく響き、2対9で大敗した。翌十日に行われた第二回戦も橋戸が投手を務めたが、0対4とスコンク負けを喫してしまった。

武士道選手への賞賛

アメリカに上陸しての二十六試合目は、六月十二日、ホイットウォース大学との試合で、これがアメリカ遠征における最後の試合となった。早稲田の投手はやはり橋戸が務め、その橋戸の投げる緩球のために、相手打者は度々三振を喫した。

2対0のスコンクゲーム。早稲田のアメリカにおける最終試合としては、見事な勝利であった。片田舎の無名大学相手ではあるが、遠征の打ち留めを勝利で飾ることができたというので、選手一同大喜びであった。

四月二十九日のスタンフォード大学との試合を皮切りに、六月十二日のホイットウォース大学との試合まで、わずか四十五日間に南はロサンゼルスから北はシアトル、タコマに及ぶ約二千四百キロあまりの間を転戦して、その試合数実に二十六回に及んだ。

成績は七勝十九敗。この七つの勝ち星は、野球では無名の大学や高等学校、草野球クラブ程度のチーム、兵隊チームなどからあげたもので、水準に達した大学チームやセミプロチームにはまるで歯が立たなかった。日本の野球と本場アメリカのベースボールとでは、その実力の差は歴然であった。

しかし、我流の野球術にメリーフィールドのコーチで「めっき」をしたぐらいの幼稚未熟な日本野球が、本場の土を踏んで、一勝でも二勝でもあげたのは上々の成績と言うべきである。

安部は日頃から、選手が試合においてスポーツマンらしからぬ態度を取ることは戒めていたため、この遠征中、選手は常に満面微笑を湛えて競技を行っていた。

「最後まで少しも失望の色を表さずに戦っている姿は、感服の至りだ。」

「あまり勝味のない試合と知りながら、何回も試合をしようとする忍耐力は賞賛に値する。」

などと早稲田の選手は異国アメリカの地において、大変好感を持たれた。そしてグラウンドマナーも良く、審判の言にはよく従って一言も文句をつけないので、「さすがは武士道国の野球選手だ」と称えられた。

早稲田の選手は技量ではアメリカ人を驚かすことはできなかったが、その態度においては絶えず彼らの賞賛を得ていたのである。

第三章
近代野球術の輸入
——日本球界に起こった一大革命

明治38年、早稲田の主将・橋戸信が著した『最近野球術』
アメリカ遠征で得た新しい野球技術を紹介している。〈写真：(財)野球体育博物館〉

一、アメリカ式近代野球とは

堂々の帰国

早稲田渡米軍は、最後の試合が終わると、その夜シアトルに帰り、すぐ日本へ向けた船に乗り込んだ。そして六月二十九日午後四時半頃、無事横浜へ到着した。

安部は迎えに来た大学の田中唯一郎幹事に費用面での失敗があり、赤字を出したことを報告した。アメリカでは学生野球はあまり人気がなく、見込んでいた入場者は一度も集めることができなかった。そのため、余剰金は約一千円にとどまり、大学から借りた五千五百円のうち四千五百円を返済できないのはもちろん、安部が出発前に披露した十万円の土産を持ち帰り、早稲田田圃を湖水としてボートの練習場にする云々の構想も、一炊の夢と化してしまった。

しかし、本場の野球から学んだ野球術に関する土産は多く、早稲田選手は早く我が国にもたらして、日本野球の向上に尽くしたいという心に燃えていた。

帰国した六月二十九日はすでに大学は夏季休暇に入っており、選手たちはそれぞれ郷里に帰る者や各地からの依頼を受けてコーチに出掛ける者もあり、多忙な日々を送ることとなった。

「東京朝日新聞」の〈早稲田大学野球選手渡米記〉は、帰国後も連載が続けられ、七月八日まで実に計二十回もの長きにわたって連載された。

また、明治三十八年八月発行の雑誌「中学世界」には、早くも安部磯雄の〈早稲田大学の野球選手〉、橋戸信の〈米国の学生と運動競技〉の二文が掲載された。新聞にあらわれた断片的な談話を除き、まとまった渡米関連の記事が雑誌にあらわれたのはこれが初めてなので、青年たちは待ちかねたようにしてこれをむさぼり読んだ。

安部は後日、会計簿と共に余剰金約一千円を大学当局へ返済した。大学側は日米両国間の人気を沸騰させた宣伝費とすれば安いものだとして返済を求めなかったが、安部はそれに甘んじることなく、野球部の借金として今後毎年、小額ずつ返済していくこととした。

このアメリカ遠征は、極めて進歩的であり、かつ国際的精神に富んだ大隈重信の下であったからこそ実現できたと言えよう。

また、もちろん安部磯雄の存在があればこそのアメリカ遠征であるが、アメリカの学生野球が職業野球とは違い、いかに人気の少ないものであるかが安部に最初から分かっていたならば、アメリカ遠征というような冒険を企てるようなことはしなかったかもしれない。無知は人を勇敢ならしむるという諺《ことわざ》のごとく、安部の無知から来た確信が強大な説得力となっていたのだった。

発展の願い

それまでの日本の野球技術は、かつてアメリカで野球をやったことのある日本人や来日するアメリカ人にコーチされたり、アマチュア倶楽部から学び取るなどの他に、アメリカから取り寄せた野球技術書、そして、日本人の先輩選手らの指導によって進歩してきた。しかし、一部には勝手に日本独自の解釈をしてしまうことが多く、早稲田の選手たちですら、メリーフィールドが教えてくれる数々の近代野球術を是認できないまま渡米していた。

だが、多くのアメリカ人選手のプレーとその効用を実際に自分の目で見て、初めてメリーフィールドの言っていたことが腹に入ったのであった。

安部は体得した近代野球術を早稲田だけのものとすることを潔しとせず、日本球界の発展を願い、帰国するやいち早く公開してその普及に努めた。そのため、早稲田選手はその宣伝に力を尽くし、雑誌に新聞に惜しみなく発表して、請わるるままにコーチをした。

従来の日本流の観念からすれば、苦労して覚えてきた新しい方法論であるだけに〝家伝〟や門外不出の〝秘法〟とするところであろうが、この安部の考えが日本野球を飛躍的に進歩させることになった。

成績こそ七勝十九敗で好成績とは言えなかったが、早稲田のアメリカ遠征が日本球界へ与えた功績というものは計り知れないものがある。紹介された本場アメリカの近代野球術が、今まで幼稚であった日本の野球をいかに啓蒙したかを考えると、それは実に偉大なる革命と言えた。

渡米土産

早稲田野球部が日本球界にもたらしたものは、プレー、戦術、方法など多岐にわたって数限りないが、この渡米土産によって日本の野球は次のように変わっていった。

○練習法の改善

一、従来の練習法はほとんど一定のものがなかったが、打撃練習、投球練習等が秩序のあるものになった。

一、従来キャッチボールを行う際、投球の最初から力一杯投げ合っていたが、段々と肩を温めていくというウォームアップが行われるようになった。

○バントの有効性認識

一、バントが「卑怯な手段」ではなく、いかに「有効な手段」であるかが認識され、科学的バッティングの一つとして盛んに行われるようになった。

・打者自らが生きるための「セーフティバント」

・走者が一塁にいて二アウトになっていない場合は、自分がアウトになっても走者を進塁させる「犠牲バント」
・打者と三塁走者が示し合わせて行う「スクイズバント」

○投球術の進歩

一、打者のタイミングを外すチェンジ・オブ・ペースの効用を知り、スローボール、スピットボール等でスピードを変化させ、緩急の予想を苦しませる投球が行われるようになった。

一、走者がいない時、「ボディスウィング」（ワインドアップ投法）による投球が行われるようになり、従来腕先だけで投げていた投手が、全身を使って投げるようになった。

○二塁手と遊撃手の連携

一、従来二塁走者の牽制を行う際、二塁手はベースに入ったままで走者を二塁ベースに引きつけていたが、二塁手も普通の位置におり、走者が少し大きくリードをとっていると見た時に、何らかの合図で遊撃手と呼応して走者を牽制する方法が行われるようになった。

一、従来一塁から二塁へ盗塁しようとする者を刺す場合、捕手が投げてくる球は二塁手が受け取っていたが、遊撃手もこれに加わるようになった。

○選手相互の督励

一、試合中、選手らが各自で大声疾呼《たいせいしっこ》して、お互いに励まし合い、特に投手や捕手を励まして勢いづけさせるようになった。

○コーチャーの設置

一、攻撃側のチームは、走者の有無にかかわらず、必ず一塁と三塁の両側にコーチャーを一人ずつ置くようになった。特に三塁コーチャーは野球に精通したベテラン選手が務める。

○野球用語の正読

一、従来使われてきた日本流の野球用語が訂正され、「グローブ」が「グラブ」、「ブント」が「バント」となった。

○グラブとスパイクの採用

一、従来投手と遊撃手以外は内外野ともミットを用いていたのが、捕手、一塁手以外はグラブを用いるようになった。

一、「素足か足袋はだし」からスパイク靴を使用するようになった。

○ヒット・エンド・ランの活用

○バットを大きく振り回さず、確実にプッシュして打つ短打法

○ダブルスチールや牽制球など諸種の詭計《トリック》

○四球の時、捕手が球を隠して油断した一塁走者を刺殺するプレー

○手からすべり込むスライディング
○片手でボールを捕りこなすシングル・ハンド・キャッチ
○先攻選択の有利視
○先に二勝した方を勝利者とする三回戦制
○動作のある審判術と複数審判制
○肩のコンディションを保つためにセーターを身にまとうなど肩の保護、養生法
○皮を軟らかくし、水を弾いて耐久性を高めるため、グラブやミットにモクタールやワセリンといった油を塗る手入法
○スコアブックによる記録法の改善

日本の野球は、一高の凋落《ちょうらく》によって新しい時代を迎えたのは確かだが、しかしそれは、単に覇権の移動を示しているにすぎない。正確な意味から見れば、早稲田の渡米によってこそ日本球界は科学的に覚醒され、革命的に新時代を迎えたのであった。

こうして従来の粗野な「勢」と「力」と「腕」の野球は、ようやく緻密な「理性」と「知恵」と「頭」の野球へと発展していったのである。

『最近野球術』

橋戸は帰国後、夏季休暇を利用して鎌倉に籠もり、近代野球術の紹介書『最近野球術』を著した。これは、語学のできる彼が在米中から色々と集めておいたアメリカの資料を訳して、遠征で得た経験や見聞と合わせて整理した、二百五十八頁の立派な解説書である。明治三十八年十一月に博文館より出版された。

この頃、すでに多くの野球書が日本人の手によって刊行されていたが、この書ほどに球界の蒙を啓《ひら》いたものはない。近代野球の基礎は、ほとんど説き尽くされており、この書によって近代野球術が全国に普及されたと言ってよい。

そして安部と橋戸は、慶応の村尾監督の招きに応じて、アメリカ野球の見聞録やその真髄など、「米国における野球談」の講演を行うことになった。慶応でも大半の学生が野球に興味を持ち、また慶応の普通部も野球が非常に強く、名選手の温床であるため、この講演は選手ばかりでなく全学園に公開され、塾の大講堂で行われた。

安部は主として、アメリカではプレーヤーが礼儀を心得ていて、スポーツの精神をよく理解しているという話をした。一方、橋戸は選手だけに技術的な話が多く、職業野球が驚嘆すべき力量の持ち主であることや投球の秘術を色々と説明した。

礼を厚くして敵に教えを請う慶応の潔さ。また、それに快く応じる早稲田の寛大さ。これは正に球界の美談であり、プレーヤーの度量は常にこうあるべきだと讃えられた。

全勝の栄誉を担って遠くアメリカに渡り、日本球界に革新の機運を与えた現実を考えると、全勝のもたらした効果は、単に早稲田野球部のみの幸福ではなかった。仮にこの全勝を他のチームに譲ったとしたら、恐らく徒らに内に誇るのみであっただろう。

ハイカラの模倣のみ

明治三十八年秋の野球界は、アメリカ遠征を終えた早稲田の活躍を見るべく、正に「天地開《かい》闢《びゃく》以来」と言える賑わいを呈した。

しかし、当の早稲田の選手たちは、六月の終わりにあった学年試験をアメリカ遠征中のため誰も受けておらず、その追試験の勉強に毎日没頭していて、なかなか練習にとりかかれないでいた。学監役の高田早苗が、渡米の財政上の失敗を良く思っていないこともあり、渡米選手であろうと特別扱いせずに、普通の成績を強く要求していたからである。結局、試験勉強で九月いっぱいが潰れてしまい、やっと全員が揃ってグラウンドに顔を合わせたのは十月に入ってからであった。

だが、世間では練習不足である実情などは当然知りもせず、興味の中心は何といっても早稲田である。本場仕込みの技量で、どんな野球を見せてくれるかが好球家の注目の焦点となっており、早稲田に対する世間の評判は物凄いものになっていた。

「早稲田はアメリカへ行ってすっかり新しい野球になってしまったそうだ。」

「もう慶応でも一高でも、早稲田の敵じゃあるまい。」

「この次の試合が見ものだ。」

戸塚グラウンドは、早稲田の練習を見に来る学生の群れで毎日賑わうようになった。そして実際、選手の練習は力強いもので、見物人を驚嘆させるようなこともしばしばあった。尚、早稲田はこの秋より橋戸に代わって押川が主将になっていた。

慶応から何も言ってこないうちに、学習院が早稲田に試合を申し入れてきた。早稲田は早速これを応諾したので、帰国第一戦は学習院との試合となった。

満都のファンが注目するこの試合は、十月十二日、戸塚グラウンドで行われた。

試合は早稲田が近代野球術を以て大勝するものと思われたが、学習院の三島投手が早稲田を圧倒して、何と八回を終了した時点では、3対2で学習院がリードしていた。

もしも、このまま試合を押し切られると、渡米軍の面目は失われてしまう。実のところ早稲田はそれまで本気を出さず、新技術は来《きた》るべき慶応との試合まで披露しないつもりでいた。

しかし、ここに至ってはそうも言っていられず、九回表の一死後、奥の手のバント攻めで学習院を混乱させるなどして、一挙4点を得た。学習院は対策もなく、見る見る攪乱されてしまったため、早稲田は何とか6対3で勝つことができた。

しかし、アメリカ帰りにしては苦戦の色濃厚の試合であり、この危ない勝利を見た世人は、「渡米の効なく、ただハイカラの模倣に止まるのみ。」と早稲田の技量を疑うようになった。

二、雌雄を決する球界の関ヶ原

優勝杯をかけた三回戦制

渡米の際、サンフランシスコの日本人協議会が銀杯二つを贈ってくれ、一つを早稲田野球部に、そしてもう一つを日本球界のためにということであったが、製造を注文したところ、一つ百五十円では協議会側が考えていたようなものは十分に造れないということであった。そのため、当初の考え通り三百円で一つだけを造り、その用途は安部磯雄に一任する旨を申し伝えてきた。安部はもちろんこれを日本球界の優勝銀杯としたい考えであったが、まだ野球の連盟なるものは存在していない。そこで、漸次競争者の数を拡張していくが、当分は慶応と早稲田との間で争奪することにしようと考えた。

だが、それにはただ一回の試合で勝敗を定めるのは面白くない。早稲田は、春秋二季に行っていた試合を秋季のみとし、そしてアメリカの大学のように三回戦制を実施して、先に二勝した方が優勝者としてこの銀杯を一年間保有することにしてはと慶応に提議した。

従来、日本の野球はすべて一回勝負で行われてきたため、覇権や王座というものは簡単に移動されてきた。しかし、一回勝負だと実力より運、不運に左右される場合も多いため、アメリカの大学の対抗試合は、このようなフロック勝ちを避けるために大概三回戦制で行われていた。慶応でもちょうど相手の少ない時であるし、またフロック勝ちではなく、確実に優勝者を決定する意義からも、すぐさま賛成した。

こうして、明治三十八年秋の試合は、日本で初めての三回戦制が採用されることになった。また日本のスポーツにおいて、優勝杯をかけて試合を行うスタイルは初めてのことである。

巨大な魅力

明治三十八年十月二十八日、いよいよ慶応と早稲田の試合当日がやってきた。球を手にする者としない者との区別なく、早朝より七、八千人の群集が戸塚グラウンドへ押しかけた。

この戸塚グラウンドはアメリカと違って、自然的スタンドとなっている傾斜地の小山以外にスタンドらしきものはないが、すでに大観衆が戸塚グラウンド左手のその小山に満ち、場の周囲はもとより遠く外野に至るまで詰めかけて溢れている。

慶応と早稲田の試合はこの日でまだわずか五試合目であったが、俄然好球家の注目するところとなって大人気を博した。それは次のような要素が偶然同時期に出揃い、各要素が有機的に融合して、巨大な魅力となっていたからだ。

一、明治三十七年春に両校が連日揃って王者一高を倒し、球界の双璧と目されていたこと。
二、早稲田のアメリカ仕込みの腕前を見逃すまじと好奇心を煽られていたこと。
三、渡米直前には慶応が勝っているだけに、勝敗の行方は未知数であるとも言えたこと。
四、「華やかな平家の公達《きんだち》」を思わせる慶応選手のハイカラな気質と、「つや消しの坂東武者」を思わせる早稲田選手のバンカラな気質が相対するものであったこと。

津波のような拍手に迎えられて入場してきた早稲田選手のいでたちは、先日の学習院との試合同様、華麗で斬新である。アメリカ遠征の際に新調したユニフォーム。米国製のスパイク靴。絢爛《けんらん》目を奪う真っ赤なオーバーセーター。モクタールやワセリンを塗って黒くしたグラブ。上から下までこれまでの武骨さとは一変し、その洗練された華麗さは見る者の目を眩惑させ、一つの驚異であった。

そして、試合前の練習が今までの日本のやり方とは全く違っていた。グラウンドに入ると、軽く肩ならしを行い、それが終わるとすぐ打撃練習に入る。攻撃感覚を強く持たせるために打撃に主眼を置き、時間をかけてフリーバッティングを行うのである。

続く守備練習は十五分ぐらいできり上げたが、フィールディングになると、まず三塁からノックが始まって、遊撃、二塁と行くうち、二塁のカバーを遊撃手と二塁手と代わる代わるやるのが、あたかも飛鳥のごとく見事である。また、今まで内野手はゴロを捕ると一塁にだけ投げていたのを、今度は一塁から三塁へ、三塁から遊撃へ、遊撃から二塁へ、そこからまた本塁へと、目まぐるしいばかりに返球する。

外野手もフライを捕ったら、悠々と内野に返球するというようなのんびりとしたものではなく、短時間のうちにテンポ良く実戦的な練習を行うのだった。その球扱いの軽快さ、選手たちは口々に英語を怒鳴ったりして、大いにハイカラぶりを発揮している。

姿形ばかりでなく、こうした練習方法や野球術語などもアメリカ仕込みで、一つとして新しくないものはない。早稲田選手の練習ぶりは、「これがアメリカ式か……。」と見る人を驚嘆させ、さすがにアメリカ帰りを思わせた。早稲田は戦う前からすでに敵を圧している観があり、驚嘆させられた観衆もつぶやいた。

「慶応がいくら力闘しても及ばないだろう。」

「これではとうてい慶応に勝目はないだろう。」

果たして、どれ程の大差で早稲田が勝つだろうか―。観衆の興味はもはやその一点に絞られていた。しかし、桜井の肩も完全に回復し、慶応としては最高の布陣であった。

まさかの敗北

城南の虎ケイオー、城北の獅子ワセダ、両雄の決戦。本邦初の三回勝負である。かくて定刻の午後一時、一高OBで帝国大学工科大学卒業生の宮口竹雄（球審）とメリーフィールド（塁審）の二審判の下に、この大決戦の幕は切って落とされた。

この試合では従来の一人審判制ではなく、アメリカ式に複数審判制を採用することとした。

一回表、いよいよ渡米軍早稲田の初攻撃。物凄い拍手に送られて登場した先頭打者の押川であったが、あえなく三振。続く橋戸は二遊間を抜くヒットを放ったが、すぐさま二塁への盗塁を刺され、三番山脇もショートゴロ。何と早稲田は予想に反して、あっけなく三人で攻撃を終了してしまった。

その裏慶応の攻撃。この回、河野が「ボディスウィング」という新投球法をついに披露した。従来の投手の投げ方は、まずプレートの上に両足をキチンと揃え、三塁手と対面するような向きで直立不動の形をとる。そして、両手を胸の所に置いて球を持ち、そこから思い切り投げるというものであった。

一方、このボディスウィングは、投球前に右腕を大きく数回回転させ、球を握っている右手に左手を添えて両手を頭上に合わせる。更に肩を後方にできるだけ引いた形で体を半身に構え、腰をひねって全身の力で投げ出すというものである。

満場の観衆は、無意味らしく思えるこのボディスウィングを見て、アハハハと口を揃えて笑い出し、

「アメリカダンス！」

「ダンス投球！」

「ダンシングスロー！」

などと思いつきの彌次を放ち出した。しかし河野はこのモーションで投げ続け、慶応の先頭打者吉川を見事三振に仕留めた。ここまでは至極無難であったが、この直後から誰も予想しなかった大波乱が起こった。

二番打者高浜が四球で出塁し、神吉《かんき》の一塁ゴロで高浜は二塁に進む。続く時任《ときとう》は遊撃の頭上を越すヒットを放ち、走者一、三塁となった。次打者青木への第一球目に時任が二盗を試みたため、捕手山脇はこれを刺そうと二塁へ投げたが、暴投。これで三塁から高浜が生還し、早稲田は早くも慶応に先取点を許してしまった。

そして、続く青木も三遊間のレフト前ヒットを放ち、二死一、三塁となって登場したのは強

打者桜井である。ボディスウィングから繰り出す剛球で、あっさりツーストライクをとった河野が有利に見えたが、桜井は左中間ライナーのスリーベースヒットを放ち、二者悠々と生還。慶応は一回早くも3点を取った。

一方の早稲田は五回まで二塁も踏めぬ有様で、唯一安打を放っている橋戸も守備ではエラーを連発した。

慶応は六回と七回にも1点ずつを加え、意外も意外、結局試合はこのまま5対0で慶応の勝利に帰し、渡米軍は惨敗してしまったのである。

早稲田は全く世人の期待を裏切り、いざ試合が開始されると、どうしたわけか攻撃も守備も奮わず、最後まで桜井の精錬されたコントロールによって打撃を徹底的に封じられ、安打は橋戸の放った二本のみであった。

アメリカ帰りの早稲田を破った慶応の喜びは非常なものであったが、それに引きかえ、早稲田は近代野球術も空しく、スコンクの大敗を被るという有様。渡米前後におけるこの醜態で、早稲田は鼎の軽重を問われたばかりでなく、甚だしく器量を下げてしまった。

観衆は幼稚にも得点差のみを見るため、早稲田の技量をひどく低いものとして軽蔑さえし、渡米土産の価値のなさに失望した。

「洋行帰りが何だい。」

「5対0で負けるとは何のざまだ。」
「自惚れやがって……。」
「何のためにアメリカまで行ってきたんだ。」

渡米軍目を覚ます

野球の先輩であるという自尊心を持つ慶応は、後輩に渡米という抜けがけの功名をされ、心中穏やかならぬものがあった。そのため、必死の猛練習で磨いた技と意気で渡米軍を一蹴しようと意気込み、早稲田渡米中はもちろん、八月に入っても大阪で猛練習を積んだのである。また、秋の陸上運動会の前後数日グラウンドが使用できない時も、アマチュア倶楽部のグラウンドを借りて練習をする程の熱の入れようであった。

一方の早稲田は、渡米の疲れを医するため帰省したり、追試験の勉強に明け暮れたりして、練習など全く行わないでいた。

もっとも、早稲田はアメリカで本場の強いチームと戦ってきたため、慶応が弱々しい島国の田舎チームに思えてならなかった。早稲田にとっては、もはや慶応など古びた〝火縄銃的野球〟と見て眼中になく、一揉みしてやろう程度の軽い気持ちでいた。そして当然、桜井、吉川、時任ら慶応の恐るべき打者についての研究なども全くしていなかったのである。

早稲田は多年の宿望たる渡米を果たして、いわゆる年寄株となってしまい、試合中も悠々として終始冷静に構えていた観がある。勝とうというよりは、むしろ負けないようにという受け身の姿勢になっており、投手の河野などは、得意の鋭いアウトドロップを投球にミックスすれば打たれないで済むものを、洋行帰りのいいところを見せようとして、わざと直球一点張りの単調なピッチングを続けていた。

また陶山素一と小原益遠が、学費が支払えないという経済的事情で退学したため、早稲田の戦力低下を招いていたことも事実である。

渡米の先をとられ、密かに剣を磨いていた慶応と、相手を侮り、練習不足の早稲田。両校選手のこれ程までの意気の相違。ここに早稲田の大きな敗因があったのだ。

実際のところ、アメリカで強敵にばかり当たってきた早稲田は、慶応がこんなに強いとは思わなかった。我らこそ球界の王者で、彼らは親しみやすい友のように考えていたが、慶応は死力を尽くして戦わなくてはならない強敵であったのだ。

第一回戦の敗北は、早稲田の選手に深刻な反省と猛烈な奮起を促した。幸いにも次の試合は十一月三日の予定が雨で流れて五日に延期され、それがまた四日の雨でグラウンドが濡れて使用できず、再び八日に延期となったため、選手はこの十日間、大学を休み、ほとんど寝食を忘れてたっぷり練習することができた。こんな猛練習は今まで見たこともないぐらい、雪辱に燃えた死にもの狂いの練習であった。

悪戦苦闘の雪辱

慶応対早稲田の第二回戦は、十一月八日、ようやく三田綱町グラウンドで行われることとなった。この日も大勢の観衆が定刻前から詰めかけ、屋根の上や樹木によじ登る者までいた。

この試合の審判は、一回戦のように複数審判制は採らず、一高主将中野武二が一人で務める。負けられない早稲田は、思いきって新入部員の田部と平野を起用した。

一回表、早稲田の先頭打者押川はレフトフライ。二番河野はセンターフライと簡単にツーアウトとなり、三番橋戸はピッチャーのエラーで出塁したが、続く山脇はショートゴロに終わった。慶応の投手桜井は、一回戦に劣らぬ好調ぶりである。

一方、一回戦では直球しか投げず、八安打を浴びた早稲田の投手河野は、この試合持てる武器をすべて出し、全力でぶつかってきた。彼は渡米前にメリーフィールドから習い、そして渡米中に山脇が見聞したものを教えてもらい、独自のアウトドロップを磨いてきた。慶応打線は、この鋭いアウトドロップを多く使った河野の投球の前に全く封じられてしまい、一回裏、吉川、高浜相次いで三振に倒れ、神吉二塁ゴロとあっさり攻撃を終了した。

こうして、両校とも無安打無得点のまま、しかも三塁を踏む者一人もなく七回を終了し、八回まで進んだ。一回戦に八安打とよく打った慶応は、河野を軽んじてあまりに打ち気に出たため、河野のアウトドロップに完全に翻弄されてしまった。

また早稲田の打者も同様に、桜井のコントロールの良い熱球に抑え込まれている。貧打戦のように見えながら、緊張感のある大熱戦となった。1点さえ取ればという思いが両校を支配した。彌次連も静粛にして耳を汚すような毒言を発する者はいない。

八回表、早稲田の泉谷が、両校合わせてこの試合初ヒットを放つも、試合には何の変化もない。その裏の慶応も青木が初ヒットを放っただけで、依然として0対0。息づまる接戦は選手と観衆の両方を固くさせずにはおかなかった。

九回表、早稲田は二死ながら二、三塁の場面を作り、ここで登場した獅子内は一球目を空振り、二球目をファウルし、ツーナッシングに追い込まれた。しかし、三球目で一塁時任の頭上を越えるライト前ヒットを放ち、早稲田はついに1点を先取した。

そして九回裏、慶応最後の攻撃も得点できず、ゲームセット。渡米軍は悪戦苦闘の末、1対0で何とか雪辱できたのである。

これで一勝一敗となり、三回戦制にした意義が現れた。第三回戦は、四日後の十一月十二日、戸塚グラウンドにて行われることになった。

カレッジエール

慶応と早稲田の試合は決勝の第三回戦を行うこととなり、いやが上にも気運は盛り上がってきた。慶応の三田通りや早稲田の鶴巻町界隈は言うまでもないが、東京中の学生はこの試合に興味を寄せ、学生の集まる所は本郷でも神田でもこの噂で持ちきりだ。中でも彌次を自認する熱狂的な野球好きの学生たちの力の入れようは、並大抵のものではない。

早稲田大学の寄宿舎には、吉田淳、橘静二という彌次学生がおり、同室であった二人は、自分たち寄宿舎生が中心となって選手を励まそうと考えた。

そこで第三回戦の前日、最後の練習が終わった時に、舎生全員からの寄付金で買ったリンゴ、鶏卵、炭酸水などの差し入れをグラウンドで提供し、明日は一同一ケ所に陣を取り、あらん限りの声を張り上げて声援をすると選手を激励した。

すると、これを見ていた安部磯雄は、

「諸君がその意気ならば、幸い良いものがある。応援は整然とやりたまえ。」

と言って、アメリカの応援方法について話をしてくれた。

アメリカでは、日本のように観客それぞれが無秩序に拍手したり、怒鳴ったり、喝采したり、彌次ったりするといったことはなく、応援者が整然と自校側の見物台を占領して、カレッジカラーの小旗を打ち振りながら、カレッジエールというものを皆で唱えるのだという。

カレッジエールとは、野球競技に精通したリーダーの音頭に合わせて、他の観衆と声を揃えて一斉に唱える喚声で、一種独特の調子があるという。またこのリーダーは選手と同様、試合に備えて日々の練習を積んでいなければならないと言われている。

この頃、野球試合における観衆の彌次は、ほとんど学生の体面を汚すまでに狂奔したもので、特に一高が得意としている彌次り方などは、時として人身攻撃に渉ることがあり、いかにも劣等であった。そのため、「拍手の外、一切の彌次的行為を厳禁する」という風習が起こり、安部も整然たる応援の姿を心から望んでいた。

醜劣な彌次を飛ばすなら、拍手以外に一言も発しないという方がよいが、これを一歩進ませ、アメリカのように極めて無邪気な声援の下に、愉快に景気よく試合をする方が遥かによい。アメリカにおける応援には秩序があり、プレーヤーの元気を増長させるのに効果的なだけで、争闘が起こるようなことは絶対にない。個人的な彌次はいけないが、ある秩序を持った団体的なものならよい―。安部はこう考えたので、寄宿舎生にアメリカの団体応援の話をしたのだった。

安部宅の押し入れには、海老茶色の羽二重《はぶたえ》（良質の絹織物）にワセダユニバーシティを意味する「WU」の二字を白く抜いた三角の小旗が二百本ほどある。これはアメリカ遠征の際、シアトルの在留日本人が、ワシントン大学やレニヤ倶楽部との試合にあたり、早稲田の応援のためにわざわざ作ってくれたもので、帰国の際、その残りを記念に寄贈してくれたのである。

安部からこの話を聞いた吉田と橘は大いに喜び、すぐに安部宅まで旗をもらいに出向いた。そして寄宿舎で練習するにあたり、カレッジエールの実際を知っている選手を一人、指導に来させて欲しいと野球部にお願いしたところ、主将押川に頼まれて、吉岡信敬《のぶよし》という高等予科生が指導にやって来た。

吉岡信敬は、通称〝ヨシオカ　シンケイ〟と呼ばれている軍人風の髭男で、早稲田中学では山脇と同級生であった。早中時代は野球部のセンターを務めており、まだチアフル倶楽部だった早稲田野球部との試合にも出場していた。無類の野球好きである彼は、その頃からすでに熱心な彌次学生となり、早稲田の試合は明治三十四年の対学習院戦から欠かさず観に行っていた。早中は早稲田大学の弟分であり、吉岡もその指導を受け、相共に練習して選手たちとも親しかった。また彼は、早中で安部磯雄の生徒だったこともあり、アメリカの応援方法を以前から色々と聞いていて、すでにそれを会得していたのだった。

高等予科生の吉岡は早中で二度落第しているので、橘たちより一歳年上であったが、大学生を差し置いて自らが応援隊長となり、寄宿舎生を中心とした約二百名の応援隊を組織した。そして、彼らに応援旗を配布し、「リーダーの指揮に従ってカレッジフラッグを振り、カレッジエールを高唱する」というアメリカ式の組織的団体応援法を教授した。

こうして早稲田の寄宿舎生は応援隊となり、優れた統率力を持つ吉岡の指導の下、試合前夜と当日の朝に練習を積んで本番に臨んだ。

形勢互角

第二回戦から三日置いた十一月十二日。球界の覇権を争う決戦は、午後一時から戸塚グラウンドで行われる。定刻に先立つ一時間、すでにグラウンド内は一般の観衆と両校の彌次学生で超満員。グラウンドの周囲は人垣に人垣が重ねられ、逆巻く人波で取り囲まれてしまった。

グラウンドには外柵も何もないので、入り切れない観衆は場外の麦畑に続々と入り込んでいく。とんだ災害を被ったのは付近の農民で、畑は荒らされるし、作物は踏みにじられる。いくら怒鳴っても、わめいても観衆は退かないので、怒った農民たちは人糞を担いで来て、むやみに振り撒き始めた。これにはさすがに頑強な観衆も鼻を掩《おお》って逃げ出した。

こうして戸塚界隈は早くも騒然となってきたが、それでもまだ神楽坂下で電車を下りた群集がぞろぞろと神楽坂の坂を戸塚グラウンドに向かって歩いてくるといった有様だった。

この日、審判は第二回戦に続き、一高の中野武二（球審）、そして、愛知一中ＯＢで東京帝大の鵜飼宗平（塁審）の二名である。

いよいよ試合は早稲田先攻で開始された。すると、早稲田の応援隊はすぐさま立ち上がり一斉に旗を振りかざした。そして、

「フレー、フレー、早稲田」

の喚声が突如として起こった。日本初のカレッジエール、組織的団体応援の産声であった。

慶応の選手も彌次も観衆も、今まで見たこともないこの異様な応援風景に驚いて、しばらく眼を見張っていたが、すぐさま場内には喝采の大拍手が沸き起こった。

一、二回は両校無得点に終わり、迎えた三回表、早稲田は一死三塁のチャンスに河野がスクイズバントを決め、ついに待望の先取点をあげた。

その後両校得点なく、六回裏、慶応の高浜は突如バントを試みて一塁に生きた。続く神吉と時任も同じく三塁へバントを決め、慶応は無死満塁のチャンスを迎えた。次の青木は河野得意のアウトドロップで三振に討ちとられたが、一アウト満塁となって現れたのは、三田を双肩に担って立つ巨漢、桜井である。

そして桜井は二塁ゴロを打ち、時任は二塁に封殺されたが、その間に高浜が生還して、慶応ついに同点とした。

こうして1対1。両校形勢互角のまま七回八回、そして九回も終了したが、両校主将が

「勝負のつくまでやろうじゃないか。」

と話し合い、どちらも異存はなく延長戦を行うことになった。

覇権の行方

慶応と早稲田の試合は第三回戦にまでもつれ込み、そしてその第三回戦も1対1のまま延長戦に入った。

十回は両校得点なく、迎えた十一回表早稲田の攻撃。すでに二死の場面で、ボックスに立った田部の打球は二塁後方への小飛球となったが、二塁、センター、ライトがお互いに譲り合ってしまったため、球は三人の真ん中に落ちて幸運なヒットとなった。

この後、俊足田部は二盗、そして三盗をも決めて二死三塁とすると、この場面で泉谷が二遊間突破の三塁打を放ったので、田部は悠々と生還し、早稲田が待望の追加点を奪った。

更に泉谷を三塁に置いて、続く押川が三塁を強襲。稲葉がこれを弾いてしまったので、その間に泉谷が還り、早稲田はこの回2点を勝ち越した。

十一回裏、2点のリードをもらった河野投手のボディスウィングは一段と映えて見えた。曲線の美しさに富み、孔雀の舞にも似たそのフォームの華麗さに、観衆もすっかり目を奪われ、我を忘れて感嘆していた。

早稲田が第一回戦に敗れた時は、毛唐のマネをするからだとすら非難されていたが、もうそのような声は完全に打ち消され、これぞ正に「野球芸術」と誰もが唸っていた。

この投球法はその形が美しいというばかりでなく、球勢を強くし、肩にも害のない投げ方なのである。河野のボディスウィングは、渡米前にメリーフィールドから受けたコーチを基礎として、自らが米国で見た実情を大きく加えて完成させたものであった。

この回、慶応は何とか1点を返したものの、最後の打者稲葉がショートゴロで万事休す。3対2で早稲田が勝ち、見事優勝校となった。

かくしてこの秋における両校の野球試合は、早稲田が渡米後の面目を保ちつつ覇を称えたが、両校の力量は全くの互角と言っても過言ではない。

野球は早稲田の渡米を契機に人気を増していったが、慶応と早稲田の三回にわたる試合が思いがけぬエキサイティングゲームとなり、多くの雑誌や新聞がこの試合を大きく取り上げた。

明治三十八年十二月発行の「中学世界」では、第三回戦のことを「これ関ケ原なり、ウォータールーなり。是の一戦たる実に我国野球史ありてよりの大試合なり。」と書き立てていた。「ウォータールー(ワーテルロー)」とはベルギーの村で、ナポレオンが決定的敗北を喫した戦場のことである。

このようにこの秋の早慶試合を境に、野球熱は大衆的興奮としてますます盛んになり、人々を野球へ野球へと導いていった。

明治三十八年十一月七日の「萬朝報」の記事中において、

「是《こ》れ早慶選手の功《こう》にあらずして何《な》んぞ、爾来《じらい》早慶野球試合の天下の模範試合として渇仰《かつぎょう》せらるる所以《ゆえん》」

といった記述があり、早稲田大学と慶応義塾両校のことを初めて「早慶」と表現していた。

三、空前絶後の大人気試合、中止される

銀杯来《きた》る

明治三十九年二月、サンフランシスコ在留日本人寄贈の銀杯がついに我が国に、早稲田に到着した。高さ約三十センチ。外部は銀、内部は金で、一方には「日本のベースボールチャンピオン」、そしてもう一方には「サンフランシスコ日本人協議会」と英語で刻んである。この銀杯を得んとの戦いは、球界の重鎮として南北に対立する早慶両校間にて行われるのだ。

慶応は明治三十八年秋の雪辱のため、野球部創立以来の猛練習に明け暮れた。この年主将となった桜井弥一郎は、肩がいくらか弱くなったようなので内野に引っ込み、新たに二塁手の青木泰一を投手に起用した。青木は大垣中学（現・大垣北高校）では投手をやっており、東海球界の麒麟児と言われた名手であったが、その重任に感激して正に一心不乱の苦行を積んだ。

もう野球はただ単に野球界の野球、学生界の野球ではなく、社会の野球となった。どこへ行っ

サンフランシスコ在留日本人から早稲田に寄贈された銀杯。早慶試合の勝者が１年間この銀杯を保有できるものとされた。

ても必ず野球は話題として持ち出され、野球に関する知識は社交上必要なものとなった。野球を知らなければ、時勢に遅れるような感じを人々に抱かせるまでになった。そして、新聞や雑誌も遅れをとっては恥とばかりに、競って野球記事を報道するようになったのである。

野球をしてかくあらしめたのは早慶両雄であり、その両雄による空前の大決戦を学生ばかりでなく、職人も役人も商人も社会一般すべてが一日千秋と待った。誰彼の区別なく、ただもう待ちに待った。

時あたかも大相撲界は梅ケ谷、常陸山両横綱の梅常陸時代。好角家（相撲ファン）が梅ケ谷と常陸山の勝負を予想しているよりも、より以上の興味と興奮をもって、慶応をその梅ケ谷、早稲田を常陸山と呼び、両者の決戦を心待ちにしていたのだ。

とにかく世の中がこのような状態であるから、早慶両大学における学生たちの熱狂ぶりは更に凄まじい。今や野球は学校の花であり、野球の勝敗はその校風の盛衰であると目されている。早稲田高等予科生の吉岡信敬は、いつしか「彌次将軍」と呼ばれるようになっていたが、彼をリーダーとして応援隊が組織化されていった早稲田に対し、これまで組織だった応援隊が存在していなかった慶応も、ついにボート部やラグビー部などの運動部選手たちによって応援隊が組織されていった。

古今の大試合

明治三十九年十月二十八日。いよいよ早慶第一回戦が行われるこの日は、日曜日ということもあって、待ち焦がれた好球家が午前七時頃から戸塚グラウンドに集まり、我を先にと良い場所を選んだ。

大抵は弁当持参でやってきており、中には二度分の弁当を持ってきた者すらいる。また便器として、牛の膀胱を持ってくる者やビール瓶を股間に忍ばせている者もいる。

神楽坂は学生や一般観衆の行列で、どこからこんなに湧いたかと疑う程の雑踏である。通行人の全員ともいうべき人々が熱狂して、興奮し切った顔つきをしている。午前九時にはすでにグラウンドもほぼ満員となってしまった。

場内がこのような混乱状態であるというのに、観衆はなおも詰めかけてきた。正午にはついに入場を謝絶するまでになった。それでも古今の大試合を観ようと集まって来た観衆が戸塚グラウンド周辺に氾濫し、十重二十重に人垣が作られていった。

早稲田は鈴木豊と泉谷祐勝が卒業したため大きく戦力ダウンし、メンバー選定に苦慮していた。また慶応も時任彦一と林田峰次が卒業していた。

この日の審判は球審が学習院主将の三島彌彦、塁審が東京帝大生になった中野武二であった。中野は審判の依頼を受けると、毎日母校一高へ行き、一ケ月間審判の練習に努めた程であった。

かくして午後一時十分、驚天動地の大試合の幕はいよいよ切って落とされた。

一、二回は両校ともに得点なく、迎えた三回表早稲田の攻撃。二死走者なしの状態で河野が打つと三塁ゴロ。しかし三塁手神吉の暴投で、河野は一気に二塁まで進んだ。

河野は、捕手の福田が走者を見ずに、しばらく球を持ってから投手へ返球する癖があるのを看破していたので、ある一つの試みを行った。青木投手のモーションを窺《うかが》い、青木が次の打者橋戸に対して投球した瞬間、すかさず遊撃手佐々木の後ろに隠れた。

すると、福田は案の定河野を見ておらず、球を三塁へ送ることなく、緩く投手に返したので、河野は今だとばかりに三塁へ走り出した。この有様を見て、福田はようやく「三塁！三塁！」

と叫んだが、球を受けた青木も慌てて三塁に投げたので、ほとんど地面に投げたような、低く三塁の手前五、六歩の所でバウンドする大暴投となった。三塁の神吉も呆然として突っ立つのみで、球はラインの左方に逸してしまった。

もちろん河野はこれを見て一気に生還し、早稲田待望の先取点となった。この河野の「ディレードスチール」という離れ業によって、早稲田はノーヒットで1点をあげた。

この時慶応の応援隊は、早稲田の打ち騒ぐ様子を尻目に、リーダーが旗をサッと翻せば、これに応じて応援歌を朗らかに合唱して士気を激励した。また、前年の早稲田の応援法を真似て、

「フレーフレー慶応」

とやったり、

「ヒップフレー、ヒップフレー、ヒップヒップケイオー」

という独自のカレッジエールをやるのだが、驚くぐらい声が揃っていて実にうまく、一句一句胸を刺すように響いていた。

そして四回裏、慶応は二死から2点を取り、試合はこのまま2対1で慶応が勝った。青木投手は得意のカーブで早稲田打線を完全に封じ込め、ノーヒットの大記録を残して見事に大任を果たした。

遺恨の万歳

早慶第一回戦の試合が終了すると、慶応の応援隊一行は勝利を喜び、手に手に紫色の小旗をうち振りながら戸塚グラウンドを出た。そして隊列を組み、小躍りしながら歩いていると、大隈重信邸前にさしかかったあたりで、慶応の庭球部選手にバッタリと出くわした。

この日、庭球部は東京高等商業と神田一ツ橋の高商コートで試合を行ったが、野球の方が気になっていたため、試合を終えると早稲田へ駆けつけてきたのだった。すると、テニスも野球も勝ったということで、慶応義塾の万歳が期せずして起こった。

「万歳、万歳！」

「慶応義塾万歳！」

「慶応野球団万歳‼」

そして更に調子に乗った一行は、野球の試合とは無関係の大隈に対し、

「大隈伯顔色《がんしょく》ありや」

「ざまぁみろ！大隈！」

などと邸内に向かって怒号した。この後、早稲田大学の正門前でも再び万歳を叫び、応援歌を勇ましく歌って三田に帰って行った。

一方、ノーヒットの敗北を喫した早稲田応援隊は、その夜、選手一同を寄宿舎の大食堂に招

待して慰労会を行った。もちろん試合後の慶応の行動については、応援隊の耳にも入っていた。

会の冒頭、応援隊の吉田淳が行った演説は聞く者を発憤させずにはおかなかった。

「勝敗は兵家の常とする所、我々は決して我が校今日の敗北を悲しまない。然れども彼れ慶応応援隊の者が、特に我が大隈伯邸の門前に到って、聞くに忍びざる無礼の語を洩らすとは何事であるか、我々は断じてこの敵を免ずべからず、この挙に対しては七千の学徒はすべて大いに発憤せねばならぬ。」

たとえ勝ったとはいえ、大隈伯の邸前や大学の正門に向かって万歳を唱えるということは、あまりにも失敬極まる態度ではないかという憤慨の思いが応援隊一人一人に強く起こり、絶対第二回戦に勝って仕返ししてやろうという空気が濃厚に漂った。また中には、福沢諭吉の墓前に行って、万歳を三唱しようなどと言った者もいたぐらいで、早稲田は慶応に対して深い恨みを抱くようになってしまったのである。

詰めかけた赤旗

早稲田の選手は、第一回戦の翌日から毎朝九時に戸塚グラウンドにやってきて猛烈に練習を行った。第二回戦は天長節（天皇誕生日の旧称）の十一月三日であるから、練習できる日は五日しかない。皆、報復の意気凄まじく、この五日間は授業を欠席して練習に励んだ。河野などは毎日五百球以上の投球を続け、肩が痛くなったとしても決して休むことはなかった。

世間の騒ぎもいよいよ大きくなり、誰も彼もこの早慶試合が面白くてたまらなかった。野球界のことなど何も知らない者までが、もう早慶試合へ早慶試合へと煮え返るように騒ぎまわる。街のカフェ、ミルクホール、下宿屋、寄宿舎、そば屋、本屋、商店の店先、会社のオフィスなど、どこへ行っても早慶試合の噂で持ちきりである。

そして、いよいよ十一月三日がやってきた。この日満都の人気はすべてこの早慶試合に集中したかのように、朝から観衆が三田綱町グラウンドへとやってきた。

観衆はただもう観たいという一心で、押し入ろうとする。特にホーム付近の良い場所では観衆が集中し、整理する学生も整理ができない。果ては暴力を用いるに至り、太い長い棒や青竹を振り回して、遠慮なく上から観衆の頭を殴りつけていた。

しかし、観衆も後ろから押されているため、逃げるに逃げられない。ついには反抗して小競り合いまで始まる始末で、とても制しきれたものではなかった。

やや遅れてきた者は、早くも門の所で食い止められるため、門を倒し、ネットを壊して棒で殴られている。柵は形なく踏みにじられてしまい、グラウンド付近の家などは、無断で庭に入られ、屋根に登られ、庭木によじ登られ、垣を倒される有様だった。

早稲田側はこの日、応援隊本隊総勢千二百人に加え、体育各部の応援学生、早稲田中学、早稲田実業、青山学院、郁文館、横浜商業などが赤色の応援旗を持って次々にやってきたため大混乱が生じた。そして、慶応側が整理する間もなく、これら早稲田の応援隊は、三田綱町グラウンドをほとんど占領してしまった。

それに対し、慶応の紫の小旗は、スタンドを埋め尽くした赤い小旗の大波の間に、ちらほらと点在するのみという状態だった。もう慶応の憤慨は一通りや二通りではない。

慶応は麻布中学や正則中学から応援を申し込まれていたのを、両校野球部による事前の応援人数「双方二百五十人」の約束を守って断っていた。早稲田は第一回戦の時も約束を守らなかっただけに、慶応はこの再度の暴挙に憤懣《ふんまん》やる方ないものがあった。慶応応援隊は自校のグラウンドであるにもかかわらず、完全に片隅に追いやられてしまったのである。

報復の大行進

明治三十九年早慶第二回戦。この日は中野が球審、三島が塁審である。一時は煮え返るような大混雑で物凄い騒ぎであったが、いよいよ「プレーボール!」の声が響き渡った。

一回戦同様、青木と河野両投手の力投は相手打線を抑え込み、三回まで共に無得点であった。

そして迎えた四回表、早稲田は一死満塁の場面で、押川が打つと見せて絶妙のバントを決めたので、河野が三塁から生還した。早稲田待望の先取点に、応援学生の狂喜ぶりは凄まじく、スタンドから場内になだれ込んだため、試合が一時中断してしまったぐらいである。

1対0のまま早稲田リードで迎えた八回表早稲田の攻撃。一死二、三塁の場面で獅子内がバントを試みると、審判はファウルと宣告したが、慶応側よりアウトだという抗議が出た。獅子内は一度自分の足に当たったからファウルだと言い、慶応側はフェアグラウンド内に落ちて、それが跳ね返って体に当たったのだからアウトだと主張する。両校は足に当たった、当たらないでもめ始め、一死二、三塁であるだけに相譲らず、なかなか決着がつきそうにない。

この時、バットを手にして敢然と現れたのは主将押川である。満場は押川が猛烈な抗議をするものと思って見ていると、頑として打席に突っ立つ獅子内を引き戻した。

「よしよし、獅子内引っ込め、アウトでよろしい。俺が打ってやる。」

一声高く、これだけ言ってバッターボックスに入った。これで二死二、三塁。観衆は固唾をのんで、ただ青木と押川の一挙一動に注目した。

そして、すぐさまストライク二つとられて万事休すかと思われた後、押川が待っていた次の好球を痛打すると、球は弾丸ライナーで遊撃手の頭上を抜いて、左中間に飛んだ。三塁から河野が躍り上がって生還し、そして、二塁にいた橋戸は足が遅くてもどかしいので、三塁コーチの山脇が橋戸のお尻を後から押してホームインさせた。

この後、慶応は快投を続ける河野を打ち崩せず、結局このまま3対0で早稲田が勝ち、見事雪辱を果たした。

この日の河野は速球とアウトドロップが冴え渡り、三振十三個を奪う素晴らしい出来であった。一方の青木も三振九個を奪う力投を見せたが、早稲田のバント攻めに攪乱されてしまった。

第二回戦の勝利に熱狂した早稲田の応援隊は、万歳万歳を連呼して慶応の裏門から構内へと入った。そして正門まで来る途中、わざわざ回り道をして故福沢諭吉邸前に繰り込み、第一回戦の時の仕返しとばかりに、一行は福沢邸前で万歳を絶叫した。

その後、早稲田の応援隊は、一般観衆なども混じって二千人にもふくれ上がり、この大応援隊は、茶話会を終えて出てきたた安部部長や選手らとともに、三田通りを行進し始めた。

「万歳、万歳、大勝利万歳！」

三田綱町グラウンドで行われた明治39年秋の早慶第２回戦
この試合を最後に早慶試合は19年間中止される（明治39年11月３日）
〈写真：「早稲田学報」明治39年12月、早稲田大学校友会〉

「ケイオー負けた。ザマミロ、ザマミロ。」

一行は叫んだり、応援歌を合唱したりしながら芝園橋まで来ると、また札ノ辻まで隊を組んで引き返してきた。札ノ辻まで来ると、また三田通りを赤羽橋の方へと進み、こうして選手と応援隊は行きつ戻りつ、日が暮れるまで三田通りを何度も往復して示威運動を行った。

一方、この凱旋を目の当たりにした三田通りの商店は店を閉じて切歯扼腕《せっしやくわん》し、また五千の塾生も何とかしてこの恨みを晴らさなければならないと悲憤の涙にくれたのであった。

狂せよ、死せよ

都下の各新聞では社会面のほとんど一ページを費やして、早慶第二回戦の試合経過を詳しく報じた。これで一勝一敗となり、満都の好球家たちは一刻も早く第三回戦の日が来ることを願った。これ程までに前景気の熱をおびた試合は、日本スポーツ史上空前にして絶後である。

第三回戦は、十一月十一日、三田綱町グラウンドにて行われる。

こうして、野球は自然と盛んになっていった。町のどんな所でもキャッチボールが見られ、子供たちも野球を唯一の遊びとして、「ピッチ河野」「キャッチ山脇」などと怒鳴っている。野球熱にうかされた人々は、安木節やストトン節のように「見よや早稲田の野球団……」と応援歌を鼻唄で歌っているという有様だ。

早慶ともに選手一同、毎日必死になって練習を続けたが、選手以上に両校学生の応援熱は日増しにボルテージが上がっていった。

早稲田では休み時間になると、学生が我れ先にと飛び出し、グラウンドのそここに集まっては大騒ぎをしたり、応援の練習を反復したりしていた。

また慶応では、塾生以上に教授連が興奮しており、授業そっちのけで教室で演説をしたり、グラウンドに出て塾生と一緒になって練習をする者もいた。塾の掲示板には「狂せよ」「死せよ」「ペンを投ぜよ、ノートを捨てよ」「来《きた》って応援の旗を振れ」などと、あらゆる猛烈な応援の言葉が並べられている状態だ。

もう両校とも試合以外は何物をも受け入れられなくなってしまった。両校にとって、早慶試合は母校の名誉をかけた、野球試合以上の問題に発展していたのだった。

十一月十日となり、第三回戦はいよいよ明日に迫った。早稲田の応援隊は夕方五時から芝園橋畔の広場に集合し、夜明けとともに乗り込んで、応援席を占領しようという計画である。

一方の慶応も全塾をあげて立ち上がり、前夜から稲荷山の講堂や教室、綱町の道場、一部はグラウンドに泊り込み、早稲田同様早朝からグラウンドを占領するという計画を立てていた。まるで夜討ちか戦争のような気概が、両校応援隊に漲っていた。

不穏なる応援隊

事態はいよいよ切迫してきた。早慶両校選手の合宿所へは、物凄い文句を並べた脅迫状が頻繁に舞い込んでくるようになっている。またある時は、三田きっての大親分が桜井主将に面会を申し込んできたりもした。

「この間の試合の折に、早稲田のやくざ連中が来て、三田なんか蹴倒して、ペンペン草を生やしてやると言ったとかで。うちの若い者は皆怒っているのですが。」

「そんなこともあったかもしれません。」

「そんな早稲田の土百姓が来て三田を荒らされると、わっしらの顔にかかわることですよ。で、わっしの家《うち》の者を集めると、まあ三、四百にもなりましょう。それで一つそいつらを連れて応援に行きたいと思っているのですが、いかがなものでしょう。あんな早稲田の蜂に洒落《しゃら》くせいマネをされちゃたまりませんや。」

「いや、ありがたいですが、それればかりは。」

「そう真面目に言いなさんな。わっしらが出ると決まれば、刀やピストルぐらいは用意しますから。」

親分は自分の言いたいことだけを言って立ち去った。

そして、第三回戦の球審と決まった学習院の三島彌彦の所には、早稲田方と思われる者から

穏やかならぬ書面や脅迫状が送られてくるし、また時折電話がかかってきては、

「オイ、今度の試合でヘマな審判をしてみろ。命はないぞ。俺は戸塚の者だ。」

というようなことを言われて電話を切られる始末。早稲田の学生が三島をつけ狙っているとかいう物騒な噂も出回るし、本人にばかりでなく、学校や野球部にまで脅迫状がやってきた。また、もう一人の審判中野武二にもやはり脅迫状はしきりに来ていた。

「早稲田は形勢不利で試合に勝ち目がないと見れば、一隊のゴロツキに慶応の選手を殴らせ、うやむやのうちに勝敗を曖昧にしようとするらしい。」

「早稲田は万一を慮って抜刀隊を組織し、喧嘩を覚悟で乗り込んでくるらしい。」

「早稲田と慶応が大喧嘩を始め、どちらが負けても慶応は試合終了とともに銃器庫を開いて、銃剣をかつぎ出すらしい。」

「慶応では試合当日、柔道部が稽古着を着込んで万一の場合の警戒に行く。剣道部が素小手に木剣を提げて行く。相撲部の連中は締め込みを締込んで、いざという時には素ッ裸で飛び出すつもりでいるらしい。」

「戸塚出入りの仕事師数十人が隊を組んで入場するのに対抗し、三田の吉川組二百五十名が揃いの半纏《はんてん》を着て、グラウンド入口の民家の屋根に桟敷を設けて見物するらしい。」

こういった物騒な噂が巷にたくさん流れ出したこともあって、早慶試合は警察の警戒の対象

となってしまった。そして、新宿警察署から芝警察署へ警戒の連絡がしばしば行われ、三田署では慶応の学監局に対し、「早稲田の応援者の一部分に不穏な形勢があるから注意ありたし。」と通知してくるまでになった。

突如の中止

試合を翌日に控え、形勢を不穏と見た慶応当局では、講演のため名古屋へ行っていた鎌田栄吉塾長に至急帰京してもらい、対応策についての裁断を仰ぐこととした。

シキュウ　オカエリヲコウ

寄宿舎舎監長の林毅陸《きろく》がすぐに電報を打った。

鎌田は何事かと東京に戻り、新橋駅で出迎えた林らから詳しい事情と経過を聞くと、

「それはとんでもないことである。そのような危険のある試合をやらせることはならぬ。私が今から早稲田へ行って、試合取り止《や》めのことを相談してくる。」

と言った。そして、温厚な鎌田がいつになく声を荒らげて、きっぱりと言い切った。

「常識のある者なれば、一刻も躊躇することは許されない問題である。もし、米国人にこのことを聞かせたなら、米国では国民的競技として貴《とうと》ばれているものが、野蛮国に伝われば闘争の具となるに過ぎなくなると言われるだろう。世人が何と言おうと、私は断然中止を主張する。」

鎌田は即刻新橋から早稲田へと向かった。そして、早稲田で安部と面会し、形勢不穏なるが故に、試合中止の得策なることを力説し続けた。社会的に高度の紳士の鎌田がよほど決心した所があると見え、どうしても後に引かない。安部は立場上、慶応塾長の言葉に反論できず、また長者に対する礼としてやむなく承諾せざるを得なかった。

十一月十日午前十一時過ぎ、早慶試合はここに両校協議の上、中止と決定したのである。しかし、安部は中止と言っても一時的なことで、日程の延期というつもりで賛成し、間もなく再開されるものと考えていた。

この試合中止の決定とほとんど同じ頃に、学習院当局が「今回の決勝試合は危険の恐れあるに付き、当院の学生中より審判者を出すことはお断わり申す。」との旨を早慶両校に通知してきた。学習院長が、

「形勢不穏のそんな所へ大切な学生を出すわけにはいかない。どこか他で審判を探してもらえ。」

と言い出したためであった。

かくして空前の興味と興奮を以て期待されていた早慶試合第三回戦は、想像もしなかった終局を告げてついに中止された。

翌十一日の各新聞では、第三回戦中止のいきさつが色々と書き立てられた。それはもはや運動記事ではなく、大きな社会事件として取り扱われた観があった。

永久の決別宣言

早慶試合が中止と決まって三日後の十一月十三日、慶応の塾生五千人は早稲田との試合の中止顚末《てん》を報告し、これからの方針を決議するため、三田綱町グラウンドで学生大会を開いた。

この学生大会では、鎌田塾長はじめ教授連、名取野球部長、桜井主将、応援隊代表、塾生有志らが壇上に立って演説をし、中には早稲田を非難する内容のものもあった。そして最後に、事実上早稲田大学との決別宣言となる決議案を満場一致で議決した。

慶応はこの時すでに、弓道、柔道、テニス、ボートでも早稲田との試合を行っていたが、この学生大会決議は、野球はもちろんのこと、あらゆるスポーツにおいて慶応は早稲田と試合をしないことを意味した。しかも、決議は正式に翻さぬ限り有効であり続けるため、一時的ではなく、未来永劫、永久的に戦わないということなのである。

この秋の早慶試合は、「傍若無人な万歳高唱」「規定破りのグラウンド占領」「仕返しの示威運動」といった両校応援隊の暴状合戦により、もはや選手と選手との戦いではなく、完全に学校と学校との恨み骨髄の戦いになってしまっていた。

その結果、慶応の教授や塾生たちに「よくよく考えれば、後輩校でしかも校風が相反する早稲田に勝っても、塾としては何の得にもならない。」といった早稲田を忌み嫌う悪感情を呼び起こし、単なる「野球試合の中止」に端を発した動きが、学校間の大規模な〝絶交〟にまで一気に飛躍してしまったのだ。

また、興行化しつつあるこの頃の学生スポーツを憂い、その弊害が出る前に、「早慶試合の中止を契機に歯止めの対策を打っておきたい。」という鎌田塾長の意向も反映され、早稲田とのスポーツ交流中止に踏み切ったと思われる。

こうして我が国野球史上の花はここに散った。この両横綱の不戦は、発達すべき球界の暗礁と化して、その進歩を止めてしまうことになると言っても過言ではない。中止してはならないものを無理に中止してしまったのである。

第四章　球界、新時代へ
――リーグ発足と黄金カード復活

夕刊
東京日日新聞

戸塚へ押寄せた
物凄いファンの群れ
二日つゞきの雨もカラリ晴れて
けふ早慶戰の幕開く
竹田、北白川兩殿下も台覧

正午既に滿員

復活早慶戦の熱狂ぶりを１面トップで大々的に報じる新聞
（「東京日日新聞」大正14年10月20日付夕刊）

一、明治大学の出現が生んだリーグ戦

やって来た本場チーム

早慶試合という球界の黄金カードの中止は、好球家たちにとって正に晴天の霹靂《へきれき》であり、最大の試合を失った野球界は一時気の抜けた状態となってしまっていた。

早慶両校は、一高、学習院、アマチュア倶楽部といったチームや横浜に入港する米艦野球団などと試合をするしかなかった。

もっとも慶応当局は、選手に早慶試合の中止を言い渡した際に、福沢捨次郎《すてじろう》体育会長が「たとえ早慶試合が失われても、試合相手に不自由を感じることのないように、外国チームを招いてもいい。」

と約束しているので、適当な米国野球団の物色にとりかかっていた。その結果、仲介者の手を借りて、明治四十年十月にハワイのセントルイス大学を招聘することとなった。

我が国初めての外国人チームの来日という触れこみに好球家は大いに期待し、大騒ぎとなったが、慶応当局はこのセントルイス大学の招聘費用約八千円を得るために、大胆にも試合に入

場料を徴収することとして更に世間を驚かせた。

入場料(注)は六十銭、三十銭、十銭の三種類で、決して安いものではない。料金を支払って野球を観るという感覚がない日本において、入場券の前売りを堂々と新聞に発表したのだから、世間が驚くのも無理はなかった。

このセントルイス大学というチーム、実は大学生というのは全くの偽りで、ハワイのセミプロとも言うべき選抜チームであった。その強さはアマチュア倶楽部などとは比較にならない程で、猛打、好守、すべての点において日本の野球より優れていた。

最初の試合こそ試合景気を気がねし、少なからず手加減をして敗れたが、その実力の差は誰の目にも明らかだった。投手レスリーの猛球は日本球界では見られない驚異的なものであり、エンスイの快足、ブッシュネルの打撃など、あまりにレベルの差がありすぎた。

早稲田も慶応の誘いでこの機会に試合をしたが、その完璧な守備の前に全く振るわず、一、二回戦に至っては安打わずかに一本ずつ。何と三戦全敗の苦杯をなめた。一方の慶応は二勝三敗の好成績を収めた。

早稲田が渡米によってもたらした本場の近代野球術やその科学的研究、規則の新解釈等は、このハワイ野球チームの来日により一層具体的となった。そして、早慶両校はセントルイス大学との試合を通じて、技術的に多くの収穫を得たのである。

このように、早慶戦なき明治四十年以降の日本球界は、米国から来た大学チーム、プロチーム、セミプロチームとの国際試合によって刺激を受けながら、わずかに命脈を保つという状態が続いた。

明治四十二年四月二十五日に行われた慶応対東京倶楽部（慶応・早稲田・一高・学習院のOBによって編成されたチーム）の試合は、東京倶楽部の選手として、大井―山脇という現役バッテリーにOBが加わった早稲田新旧選手が六名もおり、後は慶応OB三名であったため、あたかも慶応対早稲田の試合のようであった。

明治四十二年五月発行の雑誌「冒険世界」では、この試合に関する記事の中で、「気早の新聞が二号活字で、麗々と早慶戦の復活などと書いたのも無理は無い」と書き、早慶両校の野球試合を「早慶戦」と表現していた。（実際の新聞では、各紙ともこれまでのように「早慶試合」「早慶大競技」「早慶野球戦」と書き、「早慶戦」とは書いていなかった。）

この「冒険世界」の記事が「早慶戦」という言葉を用いた最初であり、以降色々な所で少しずつこの「早慶戦」が使われるようになっていった。

（注）一円＝百銭、および明治三十七年頃の一円＝現在の一万円と考えると、セントルイス大戦の入場料は、おおよそ現在の六千円、三千円、千円に相当すると思われる。

強敵現れる

明治四十三年秋、米国中西部の最強チーム、シカゴ大学がやって来た。早稲田の野球部が時おりコーチを受けた元シカゴ大学選手の宣教師で、早大講師のプレースを通じ、安部が前年の秋頃から同大学の運動部長スタッグに招聘の交渉を進めていたところ、旅費と滞在費は早稲田側の負担という条件で来日することになったのだ。

かつて早稲田のコーチをしてくれたメリーフィールドが、シカゴ大学の選手であったため、日本人もシカゴの名はよく知っていたが、シカゴ大学が果たしてどのぐらいの技量であるかは誰も知らなかった。世間では、さほど大したことはあるまいなどとも言われていた。

九月二十六日、シカゴ大学はいよいよ横浜に到着し、第一回戦は十月四日に行われた。この試合ではシカゴ大学が猛攻を極めて、ヒット十本、9対2と一方的に早稲田を下した。早稲田にしてみれば、シカゴ大学の怪腕ページ投手から2点を取っただけでも奇跡的なことであった。

この試合を皮切りに早稲田は三試合を戦ったが、0対5、4対15と全く歯が立たない。

一方慶応は、第一回戦は1対3で敗れ、第二回、三回戦はともに延長十回に入る白熱戦の末、1対2、2対5と惜敗した。日本代表の早慶は相次いで倒されて見る影もない。シカゴ大学は稲門倶楽部にも11対2で圧勝し、七戦全勝であった。

稲門倶楽部は、早稲田大学出身の野球家と現役の早稲田選手からなる野球倶楽部で、明治四十二年七月に結成された。(後に早稲田野球部のOB会となる。)

予定の試合を終えたシカゴ大学一行は、約一ケ月滞在した東京を離れ、大阪毎日新聞社の招きに応じて早稲田とともに西下し、関西で追加試合を行った。

早稲田対シカゴ大学戦は大阪で行われた最初の大試合と言ってよく、関西の野球ファンは大喜びであった。しかし、ここでも早稲田はシカゴ大学の相手ではなく、三戦全敗。第二回戦などはここ数年間では珍しく、0対20という大差で負けてしまった。

結局、シカゴ大学は早稲田に六戦六勝、慶応に三戦三勝、稲門倶楽部に一勝と、十戦十勝。完全に日本の代表チームを翻弄し去った。日本球界はシカゴ大学との試合を通じて、日米の大学チームの間に雲泥の差があることを初めて知ったのである。

シカゴ大学に完敗した早稲田は、大阪からの帰途三高の挑戦を受けた。一般の予想はもちろん早稲田の勝利を疑わなかったが、予想に反して1対2で無残な敗北を喫してしまった。

早稲田はこの後、同志社中学部(現・同志社高校)に3対1、京都二中(現・京都府立鳥羽高校)に2対1と辛うじて勝ったものの、愛知一中とは1対1の引き分け試合をするという醜態を演じ、世間の人々の非難を浴びた。

この敗北の責任をひしひしと感じていたのが、前年の秋に山脇に代わって主将となっていた飛田忠順《ただより》だった。飛田は名古屋から帰京し、新橋駅での別れ際に安部に主将辞任を申し出た。

この秋、すべての試合に惨憺たる成績となった早稲田に対する世間の批判は強く、シカゴ大戦に関する新聞では、「早軍蹂躙《じゅうりん》さる」「早軍の大醜態」等の見出しが飛び交った。

そして、先輩連中も今回のぶざまな戦績によほど腹を立てたのか、飛田の他、小川重吉、松田捨吉、伊勢田剛ら上級生三人も引退させることを決めた。

十一月上旬、こうして四選手は一挙に引責退部し、コーチの任に当たることになった。

シカゴ大学の来襲は、日本球界に多大の訓戒を与え、また早稲田野球部にとっては衝撃的な一大事件となった。この時、早稲田とシカゴ大学とはこれから五年ごとにお互いを招待し合う、「交換招聘」の約束を結んだ。

新しい力

明治四十五年七月三十日、明治天皇が崩御された。それに伴い元号が「大正」と改められ、しばらくの間世は国民全体が喪に服し、各地の野球試合もすべて中止された。

そして第一期喪が明けると、九月二十三日の早稲田対新興チーム明治大学の試合から我が国の野球は再開された。この試合は早稲田が勝ったものの、創部わずか三年目の明治が0対1と早稲田を苦しめて、球界を非常に驚かせた。

明治大学の野球部は、明治四十三年秋、東京帝大ボート部出身の内海弘蔵《うつみこうぞう》教授と慶応ボート部出身の佐竹官二講師の尽力によって正式に創設され、内海が部長に、佐竹が監督に就任してスタートを切った。

この佐竹監督と慶応OBの青木泰一が大垣中学時代の旧友であり、また青木が明治大学簡易商業学校に教鞭をとっていた関係もあって、慶応野球部が熱心にコーチを務めた。

大正元年の秋は、早慶が後進明治の技量発達を願って、回数に限りなく試合を行ったが、明治は十月五日の早稲田との第二回戦において、ついに4対1で勝ち、大金星をあげた。そしてこの勢いに乗じ、十月八日慶応にも挑戦して4対5と惜敗したが、この秋の明治は早慶相手に大いに善戦し、早稲田に一勝八敗、慶応に三敗一引分という好成績をあげた。

たとえ一回でも早稲田を破り、慶応と引き分けをしたことにより、明治大学野球部の存在は世間に初めて認められるに至り、その新しい力の台頭ぶりを十分に見せつけた。明治の躍進は球界に一大刺激を与え、今後の活躍が大いに期待された。

リーグ成る

大正三年の秋、明治の呼びかけにより、慶応、早稲田、明治の間で日本野球史上画期的な取り決めがなされ、三校による「三大学野球連盟」が発足した。

この夏渡米をして経済が逼迫《ひっぱく》していた明治は、その渡米後の経済難を救済する意味と野球の発展に資することを願って、三大学によるリーグを結成し、リーグ戦の試合には入場料を徴収することを企てた。そして早慶両校の承諾を求めるため、精力的に提案活動に出たのである。

入場料の徴収については、野球そっちのけの彌次馬的観衆を締め出せることと、各野球部の完成を期した資金繰りにもつながるとして早慶も賛同するところとなった。そして大正三年十月二十九日、この三大学リーグが正式に誕生し、その輝ける第一歩を踏み出した。

しかし、三大学リーグ戦とはいうものの、早明戦と慶明戦だけで、早慶戦は行わないという変則リーグ戦である。

実はこの時、早慶両校は〝絶縁中〟であった。早稲田は自分たちが早慶戦復活に関する申し入れを再三行っても、何の回答もしない慶応側の態度に納得できず、明治四十四年十二月に慶応との絶縁を声明していたのだ。そのため早稲田は、慶応選手とは同一グラウンドに立たないこととし、声明後は慶応が招聘した外国人チームとも試合を行っていなかった。

早稲田に慶応との絶縁声明を撤回させ、早慶両校が大きく歩み寄る機会を作ったことだけでも、この三大学リーグの結成は、非常に大きな価値のあるものなのである。

十一月二日、待望の三大学野球リーグ戦が三田綱町球場で開始された。その最初の試合は慶応対明治である。慶明ともにアメリカ遠征帰りのチームということもあって興味を呼び、我が国における学生試合初の有料試合としては上々の入りで、スタンドは六、七分の入りであった。

慶応はこの時、明治四十二年四月に東京倶楽部に1対3で負けて以来、日本人チームには五年間不敗の記録を続けていた。

東京倶楽部に不覚を喫して以後は、二十九戦二十七勝二引分。大正元年秋に明治と横浜商業に日没引分試合をして全勝記録は逸したものの、五年間の不敗記録は天下に誇れる偉大な記録である。慶応はこの時正に日本球界の第一人者であった。

その慶応は自他共に認める日本一の大投手菅瀬一馬、明治は渡米中十三勝をあげて自信をつけていた中村俊二が先発であった。この両エースは互角の投手戦を展開して一歩も退かず、四回に取った1点を死守した明治が1対0の接戦をものにした。もちろん明治が慶応に勝ったのは、野球部創部以来初めてのことであり、五年間不敗の慶応についに土がついてしまった。

早慶戦わざる時のこの明治の大金星は、スタートしたばかりの三大学リーグ戦を大変興味深い価値あるものにした。

結局、慶応は二勝一敗一引分、早稲田はストレートで明治を破り、早慶は先輩としての面目を保ったが、敗れたりとはいえ、明治は早慶の間に入って早慶明三大学鼎立《ていりつ》時代の到来を思わせる程の健闘ぶりを見せた。

翌四年秋、早稲田OB八幡恭助のコーチを受けて、にわかに現れた新興の法政大学野球部が、早慶明三大学に試合を申し込んできた。早稲田とは日没のため八回で中止されたが、3対23、慶応にも3対19と大敗を喫し、未だ到底早慶の敵ではなかった。しかし、明治と3対3の引分戦を演じ、わずかに球界の注目を惹くに至った。

そして法政は翌五年春、早稲田の渡米中に慶応と明治に再度戦いを挑んだ。慶応とは4対9、1対12と二戦続けて大敗を被ったものの、三回戦は延長十一回3対4という接戦を演じた。そして慶応に善戦したこの意気で、3対4と明治をも苦しめ、ますますその株を上げた。

法政はこの春の活躍が高く評価されて、秋には非公式ながら三大学リーグ戦の客員格としてその一員となり、早慶明と試合を行えるようになった。そして、その秋も大いに奮戦し、慶応には2対4、明治には4対5、早稲田には1対4と再び接戦を演じた。

こうして台頭目覚ましい法政は、大正五年春秋の善戦により、翌六年春からリーグへの加盟が正式に認められたのである。新たに法政を加えたリーグは、これで四大学リーグに発展した。

復讐の船出

大正八年十二月、早稲田野球部に我が国初の専任監督が誕生した。従来野球部の練習は、特に専任の指導者もなく主将一人が選手を統率する形で進められており、時折時間のできたOBたちが思い思いにグラウンドにやってきて、ノックを打ってあげる程度であった。

早稲田の場合は、明治四十四年春から大正六年二月までOBの河野安通志が、専任ではなく大学講師のかたわらでコーチを務めていたことがあるが、それ以降は再び主将を中心とした練習を行っていた。しかし、前年から部員も多くなり、このような一定の方針も秩序もない練習のやり方では、もはややりきれなくなっていた。

安部磯雄はこの行き詰まりに気づき、専任の監督を置いて、ある方針の下に秩序ある練習を行わなければならないと考えた。安部の野球に対する理想は、「競技」ということより、一歩進んで「野球教育」ということに置かれていただけに、どうしても専任監督を実現したいと思っていた。

このことをOBの押川清に相談し、二人の間で実現に向けて検討することとなった。河野の時と違い、今回は専任での就任のため、当然野球部から手当を支給しなくてはならない。安部と押川はまずその手当の捻出という困難にぶつかった。野球部の費用さえ満足でない状況下で、監督の手当を部費から支出することなど到底できるわけはない。

そこで、野球部のOB会となっていた稲門倶楽部の会費徴収を行い、その会費の一部に部費の一部を加えて、何とか月五十円(注)ぐらいの手当を作ることにした。だが、前年の米騒動以来、米価は倍以上に値上がり、これに伴ってすべての物価が恐ろしいほど高騰している。

このご時勢に月五十円というわずかな手当で監督を引き受けてくれる人物などいるはずがない。これではたとえ適任者がいたとしても無理じいはできないと安部も押川も思った。

ところが、この専任監督を引き受けたいと自ら名乗り出てきた人物がいた。明治四十三年秋、シカゴ大学に惨敗して世の酷評を受け、主将としての責任をとって退部した飛田忠順である。彼はこの十年間、自分が母校野球部に与えてしまった敗戦の汚名を何とかして挽回したいとひたすら思い続けてきた。そして、野球を見るたびにシカゴ大学への復讐の機会、復讐の方法を考えていたのだった。

飛田はすでに三十三歳、もはや自分一代ではその復讐の大事は成し遂げられるわけはなく、我が子にその遺志を継承させることも本気で考えていた。そうでもして雪辱を成し遂げなければ、自分たちを育て上げてくれた母校野球部に申し訳がないと深く心に期していた。

だが飛田はある時、専任監督の構想があることを押川から聞いて、こうした方法もあったことに気がつき、妙に胸がわくついた。自分が早稲田の監督になれば、自分の手で強くて立派なチームが作れるし、その結果、シカゴ大学に勝てば母校野球部に対する報恩も、自分自身の復讐も成し遂げられる。こう考えて、飛田は監督を引き受けたいと全く不用意に申し出た。

この飛田の申し出を安部も喜んだが、問題は監督手当であった。月五十円というのは、飛田が勤務先の読売新聞社からもらっている収入の三分の二の金額である。これまでの収入でさえ月々不足を生じているのに、その三分の二の手当で生計をたてねばならぬなどと話したら、夫人も賛成してくれるわけはない。

また、野球の専任監督になるなどは非常に突飛なことであり、飛田は会社の友人からも「今さらベースボールでもあるまい。職を捨てて監督になることが、そんな有意義なものであろうか。」

と忠告を受けたりもした。しかし飛田の意志は堅く、

「親子四人カユをすすっても、どうか僕の願いを叶えさせてくれまいか。」

とまで言って、夫人を説得し続けた。その結果、夫人も完全に賛成してくれているわけではないのだが、

「それほどあなたが決心なさったのなら、私はこのうえ何も申しません。」

と言ってくれた。飛田は会社へ辞表を出し、翌日、奈良春日野冬季練習へと出発した。

大正八年十二月二十一日、一路シカゴ大学復讐への旅に船出した飛田は、早稲田野球部初代監督に選ばれたことを心から喜んだ。

（注）前掲『値段史年表』によると、大正七年頃の銀行員の初任給は四十円、公務員の初任給は七十円。

信念の猛練習

飛田の監督業は大正九年春のシーズンから本格的に始動し、宿敵シカゴ大学打倒の執念に燃えた猛烈な練習が始まった。飛田はシカゴを破るには、選手に地力をつけるしか方法はないと

考えていた。

地力とは駆け引きや作戦を用いる以前に、相手と堂々と四つ相撲でわたり合える力であり、その地力をつけるためには練習以外に方法はない―。飛田にとって永久不滅たるこの信念で、一にも練習、二にも練習、三にも練習と選手を練習で鍛え上げていった。

定職にも就かず、野球の専任監督をしているというのは、世間からかなり好奇の目で見られたが、飛田は全く気にしなかった。そして、飛田家の生活状態は心配した通り極度の窮迫に陥っていったが、もはや生活の貧苦など眼中になく、監督業に一意専心没頭していった。

飛田が監督を引き受けた理由はもう一つあった。これは付随的なものであったが、早慶戦を復活させたいということである。世間では、第三校との試合結果で早慶どちらが強いかを判断していたので、早稲田が極めて強くなれば、こういった間接比較が慶応にとって不利になる。その結果、直接戦ってはっきり勝負を決しようという主戦論者が慶応当局内で優勢になると思ったからである。

自らの手で早稲田を強くすることが、「シカゴ大学戦の勝利」と「早慶戦の復活」という二つの大きな宿望達成につながるが故に、飛田忠順は監督就任の意気に燃えたのであった。

大正九年五月四日、無敵を誇るシカゴ大学が早稲田の招きに応じて日本にやってきた。大正四年の二回目の来日では、またしても十一戦全勝の栄誉を担って、悠々母国に凱旋していた。

三回目の今回は、メリーフィールドが監督となっていたが、シカゴ大学自ら「今度のチームは弱し」と言っているため、その興味は果たしてシカゴが全勝し得るかにあった。

五月十一日の早稲田戦を皮切りに、シカゴ対早慶の試合が始まったが、何と早稲田は二勝四敗一引分、慶応は二勝一敗一引分の成績をあげることができ、日本野球の技量が向上したことが知られた。だが、勝ち越さなければシカゴに勝ったことにはならないため、飛田は次回の対戦の機会に向け、ひたすら猛練習を続けていった。

招待主たる早稲田は、シカゴ大学にギャランティーを支払っても約一万円(注)の剰余金を得たため、安部は早速これを工事費に投じ、シカゴ大戦の記念として戸塚球場の外周に高さ約二メートルの鉄筋コンクリート塀を廻らすこととした。これで戸塚球場は全く面目を一新し、ますます日本を代表する球場となった。

(注)明治三十七年頃の一円の値打ち同様に換算すると、大正九年頃の一円は現在の約三千円に相当すると思われる。よって、シカゴ大戦の剰余金は、現在の約三千万円相当。

職業野球団結成される

大正九年十二月、「日本運動協会(N.A.A)」が設立された。これは、早稲田OBの橋戸信、押川清、河野安通志らの手による合資会社で、次のことを事業内容としている。

一、運動競技に関する一切の事業の経営
一、運動競技場の設計工事、工事監督、修繕、請負及びこれに付属する一切の事業
一、各種運動体育用具製造販売及びこれに付属する一切の業務

このうち運動競技に関する事業の一項目として「球団を組織して収入源の一とす」というのがあった。彼らはフランチャイズ球場を持つメジャーリーグチームの在り方に共鳴し、日本でもこの理念に基づいて球団を作ってみたいと考えたのだった。

そしてついに、無名の中学卒業選手を集めて「日本運動協会チーム」を結成し、このチームの本拠地として芝浦に野球場を建設することとした。芝浦球場をフランチャイズに持つこのチーム、通称「芝浦運動協会チーム」こそ我が国初の職業野球団、つまりプロ野球チームである。

しかし、市民スポーツとして誕生したベースボールが、大人たちのクラブチーム間で普及発達し、自然の成り行きとして「金銭を要求する名選手」の出現、プロチームの発足へとつながって行った本場アメリカとは違い、野球が学生の手によって発達してきた日本において、世間一般ではこの職業野球というものをまだ正しく認識してくれなかった。

大正十年のリーグ戦は、秋より新たに立教大学が加入し、従来の四大学リーグは五大学リーグとなった。

立教野球部は学生有志の間で組織された「セント・ポール倶楽部」を前身とし、大正七、八

年頃にようやく野球部の基礎ができあがったという新興チームであったが、指導を受けていた早稲田の飛田監督の推薦があって、四大学リーグへ参加できることとなった。

しかし初参加のこの秋は、早慶が外国人チームとの試合に追いまくられていたため、明治、法政と一試合ずつを行って二敗しただけで、早慶と試合をすることができずに終わってしまった。

この秋は明治が大いに気を吐き、慶応に二勝一敗、早稲田に二敗一引分と技量においては早慶と全く同一レベルに達した観があった。この大正十年を以て、我が国野球界は早慶中心の時代から完全に早慶明の鼎立時代となり、明治の強味はますます発揮されていった。

復活すべし

大正十二年九月一日、突然大地震が関東地方を襲い、関東一帯を恐怖のどん底に叩き込んだ。このいわゆる関東大震災の影響で、初めは野球試合どころではなかったが、「スポーツ界は率先して、すさんだ人心安定のためにうちひしがれている青少年を慰めるために復興せよ。特に野球界は五大学リーグ戦を断じて行うべきである。」といった世論に呼応して、リーグ戦が十一月一日の法立戦で幕を切って落とすこととなった。通常より一ケ月以上遅れてはいるが、震災発生から二ケ月目という早々の開始である。

試合は、慶応に一敗しただけで八勝一敗の見事な成績をあげた明治が優勝し、球界の覇権を完全に掌握することができた。明治は正に悲願の達成、年来の宿望の達成であった。

そして、明治の湯浅禎夫投手は、そのスピード、カーブとも素晴らしく、またチェンジ・オブ・ペースに比類なき技を見せ、一躍日本屈指の大投手の仲間入りを果たした。

こうして早慶明の鼎立によって五大学リーグは白熱し、この三校の対立はますますファンの興味を惹いていった。しかしリーグが注目され、三校の対立が激しくなればなる程、早慶が戦わない変則リーグを非難する声や早慶戦を熱望する声がリーグの内外で高まっていった。

この頃、野球以外のスポーツでは、すでに早慶の試合が行われ出していた。大正十年の剣道を皮切りに、十一年には激しい肉弾戦競技のラグビー、そして十二年には陸上競技でも早慶戦が行われ、全く何の問題も発生していない。「早慶戦を復活すべし」という世論は、関東大震災後のスポーツ界復興の先決問題としても漸次有力となってきた。

またリーグ設立の首唱者であり、早慶戦の復活を斡旋する使命も担っていた明治は、これまでは優勝ができなかったため発言を差し控えていたところがあったが、苦節十三年にしてその宿望を果たし、もうよかろうといよいよ早慶戦の復活について提議することとした。

大正十三年春のリーグ戦会議の主題は、早慶戦復活問題であった。この席上、明治野球部長の内海弘蔵と法政監督の武満国雄の二人が、申し合わせたように早慶両校代表に対し、早慶戦の復活を迫ってきたのである。

慶応の選手は明治や法政に催促されるまでもなく、早慶戦の復活を望んでいる。早稲田側はもちろん復活に異存はない。この年の一月にはサッカーで、四月にはテニスで、五月にはホッケーで早慶戦が行われた。世間でもひたすら野球での復活を待っている。早慶戦の復活は単に早慶両校やリーグの問題ではなく、球界の大問題、いや我が国の社会的大問題なのだ。

非公式とはいえ、他のスポーツでの交流が復活しているというのに、慶応が野球戦の復活をなぜそれ程までに拒絶し続けるのか――。その理由についてははっきりしておらず、極めて漠然としている。だが、復活に強く異議を唱えているのは、野球部のOBでも部長でも選手でもない。それは慶応の大先輩池田成彬《せいひん》であったのだ。

池田は慶応義塾の評議員会の会長でもあり、慶応OBの社交団体「交詢社」の役員も務める三井財閥の有力者である。そのため絶大なる影響力を持っており、林毅陸塾長ですら、この大先輩の意向を無視することはできなかった。

池田は、ただ感情的に早稲田を嫌っているため、これまでも復活反対論を強硬に主張し続けてきた。つまり慶応は、唯一人この池田成彬のために、天下待望の早慶戦復活に踏み切れないでいたのだ。

二、十九年間の想いが爆発した異常人気

国家的大朗報

明法両大学の復活要請から一年後の大正十四年四月、慶応義塾当局は復活機運の高まりに呼応すべきと考え、ついに早慶戦の復活を決定した。長い間拒み続けていた池田成彬もようやくその反対をやめ、早慶戦の復活を承認したのである。

ただし慶応は、「早慶戦はリーグ組織以前に中止されたものであるから、復活戦はリーグ戦と関係なく行いたい。」と主張したため、この秋は単独で復活させて、翌十五年春からリーグ戦に加入することとなった。

またかねてよりリーグへの加盟を希望していた東京帝国大学の加盟が可決され、この春より六校によるリーグ戦となることが決定した。しかし、春は試験的に各校と一試合ずつ番外試合を行って、秋から本格的にリーグ戦に加わるという条件付きであった。

東京帝大の野球部は、同大学を卒業していた中野武二の尽力により大正六年に創設された。中野が京都帝大と年一回定期試合をすることを目的にその創設を考え、色々と奔走した結果、

医学部の教授になっていた長与又郎が初代野球部長に就任した。この野球部は、大正八年になってから「東京帝国大学運動会野球部」として正式に大学側に認可された。

翌九年、一高の大投手内村祐之《ゆうし》が入学するに及んで相当実力が増し、そのうちに部員が増加した。そして内村の卒業後もリーグへの加盟を希望して、熱心に努力練習し続けてきたところ、長与部長や早稲田の飛田らの斡旋があって、この程リーグ側の許可が得られたのだった。

早慶戦の復活決定が発表されると、全国の野球ファンは極度の興奮状態になった。早慶戦が十九年もの長い間中断されていたことは、日本の野球発達史上に一大汚点を印し、いかに発達を阻害していたか計り知れないだけに、その復活は一人の反対もない天下共通の待望であった。

我が国スポーツ界に最も重きをなす両大学が、各種競技の対抗試合を正式に再開するというこの一大朗報は国家的大事に優先し、日本中が諸手をあげて歓迎した。

早慶戦の復活が決定するや、慶応野球部の先輩連中は協議して、大正五、六年度に主将を務め、セオリーに精通していた三宅大輔に専任監督を依頼し、部の強化を図って復活試合に臨むこととした。三宅も事業が忙しかったが、一シーズンのみということで引き受けた。

輝ける幕開け

大正十四年春のリーグ戦で試験的に四大学と一回ずつの試合を行った帝大は、立教に勝って一勝をあげたため、球界関係者やファンにもリーグへの加盟は当然のことと納得された。これで従来の五大学リーグに東京帝大の正式加盟が認められ、六校によるリーグ戦がこの秋から本格的に開始されることとなった。

そして九月には早慶戦の復活に先立ち、早稲田の定期招待によってシカゴ大学が第四回目の来日をすることになっていた。安部はアメリカに比べてスタンドらしいスタンドもない日本の球場を憂い、早慶戦の復活とシカゴ大学の来日を控えた今こそ、一人でも多くの観衆を収容できるスタンドを完備する必要があると思った。

そこで夏季休暇前に、戸塚球場におけるスタンド建設について大学の理事会に提案をしたところ、理事会も野球界の事情に理解を示し、異議なく五万円の建設費を可決してくれた。その結果、安部の名義と大学の裏書で銀行から費用を借り受け、実質四万八千円を投じてスタンドを建設することとなった。

工事は予定通り八月中に落成し、早稲田の戸塚球場に二万五千人を収容できる鉄筋の堂々たるスタンドが完成した。また同時にスコアボードも外野に設けられ、グラウンド整備に対する安部の理想は見事に実現された。

九月十二日、この秋のリーグ戦と早慶戦の日程が「六大学野球連盟」の名の下に発表された。注目の早慶戦は予定通りリーグ戦としてではない単独試合として行われ、試合日は十月十七、十八日の土、日曜日、試合開始は午後二時半、グラウンドはこの時点では未定であった。

輝ける第一回六大学野球リーグ戦の幕開けを飾る試合は、九月十七日の明法一回戦の予定であったが、試合開始間際に雨となって中止となり、また翌十八日予定の慶立一回戦も雨天中止となったため、明大駒沢球場における二十日の明立一回戦がオープニングゲームとなった。

この歴史的試合に7対1で快勝した明治は、早稲田と並んでリーグ戦の優勝候補である。ここ数年、技量が伯仲している早稲田と明治の試合こそ、この秋のリーグ戦におけるファンの興味の焦点となっていた。

しかし、その早明戦以上に野球ファンが待ちに待っているのが、早慶戦なのである。その早慶戦は全試合、戸塚球場で行うことが決定した。二万五千人収容の立派なスタンドを備えた戸塚球場は、日本球界に光彩を放つものとなっており、正に復活早慶戦を行うにふさわしかった。

復活前の大興奮

新装なった戸塚球場が最初に迎えたチームは、シカゴ大学であった。早稲田の飛田監督はシカゴがいかに精鋭を揃えて来たにせよ、今度こそ逃がすものかと決死の覚悟であった。飛田からすればこの秋の一大標的は慶応や明治ではない。敵は実にシカゴである。飛田は母校野球部と自分自身に大きな影響をもたらした対シカゴ敗戦をいつまでも忘れることはできず、シカゴを倒さんとする彼の執念は燃えていた。

しかし、第一回戦では0対2と惜敗し、続く第二回戦は0対0で引き分けとなった。その後、早稲田はシカゴと連れ立って関西へ下り、宝塚球場で戦ったが、第三回戦は延長十回1対1で再び引き分けとなり、翌日の四回戦は敵失で何とか1対0と一勝した。

早稲田は四試合を終え、一勝一敗二引分と決着のつかないままシカゴ大との試合を一時中断し、早慶戦を迎えることとなった。

とにかく早慶戦はすごい人気で、十四日から試合前日の十六日までの三日間は、世は復活を祝う一大舞台と化した。全国の新聞、特に東都で発行される新聞は、この慶賀すべき早慶戦復活の吉報についてかなり多くの紙面を割いて報じ、いよいよ試合日が近くなってくると、ほとんど一ページ全面を埋めんばかりの勢いを示して各社競って書き立てた。新聞社各社が筆を揃えて、これ程までに野球記事に力を入れたのは初めての出来事である。

ファンも、「慶勝つか」「早勝つか」の言葉を至る所で何回となく繰り返し、毎日毎日どちらが強いかを語り合っていた。もう世間は完全に早慶戦の話で持ちきりであった。

当日の混雑を防ぐため、入場切符は前売することとなっていた。前売切符は三円(注)の一等席と二円の二等席計六千枚で、美津濃、玉澤、玉屋各運動具店、白木屋、松屋の両百貨店、慶応義塾消費組合、早大出版部の七ケ所で十月八日から売り出された。新聞や雑誌の記事に煽り立てられて、この記念すべき大試合を見ずにいられなくなった全国のファンから、電報為替で申し込みが殺到し、十四日にはほぼ売り切れ状態となった。

大阪方面でも美津濃本店で千枚を引き受けたが、これも売り切れ、また遠く中国や朝鮮あたりからも直接、早大、慶大あてに申し込みが来るなどの盛況ぶりである。電報為替での注文を受けていた松屋、美津濃、玉澤、早慶両大学では、売り切れ後も引き続き各地から為替封入の申し込みが舞い込んでくるため、各所ではその返却に大忙殺されるという騒ぎになった。

前売券を入手できなかった者は、当日球場入口で発売される内野指定席の一、二等残り五千余枚と外野の三等六、七千枚を早朝から並んで買うか、切符ブローカーから一枚二、三十円につり上げられた高値の切符を買うしかなかった。

恨めしき雨

早慶両校の合宿所には連日ファンから激励の手紙や電報が殺到し、中には御守りまで送ってくる者もいた。

いよいよ試合前日の十六日となると、

「明日はお天気でしょうか。」

「大丈夫でしょうね。」

というような会話が街の至る所でささやかれ、大戦を控えた緊張感が漂った。

そして、ついにやってきた早慶戦復活の日、大正十四年十月十七日。日本球界二十年の発達は、この一戦を待つためとも言われた。「時事新報」では、

「早慶野球戦を目蒐《めが》けて全国のファン東京に集まる」（大正十四年十月十五日）

「慶応勝つか早大勝つか　今日戸塚に展《ひら》く一大野球戦」（大正十四年十月十七日）

といった大見出しを掲げて、この待望の一戦について書きたてた。

しかし、この日は無情にも朝から豪雨でとても野球のできる天候ではない。両校野球部で協議した結果、残念ながら翌日に延期することになってしまった。

そして翌十八日になっても雨は続いたが、何しろこの年の七月十二日にラジオ放送が開始されたばかりで、まだ一般に普及していないため、ファンは試合の有無を知ることができない。しかもこの日は朝のうち少し晴れ間が見えたので、もし試合があったら一大事と何千人ものファンが早朝から泥のような道を泳ぐようにして押し寄せ、今か今かと開門の時間を待っていた。だが、両校野球部協議の上、やはりグラウンドは試合のできる状態ではないので、無念にも再び翌十九日に延期することを決めた。恨めしくも「早慶野球戦明十九日に延期す」の貼紙が球場入口に貼り出され、これを見るファンの落胆ぶりは物凄かった。

この記念すべき晴れの試合を見ようと、土、日曜日の二日間の休日を利用して、はるばる九

州、北海道の果てや関西、四国方面など地方から泊まりがけで上京してきた数百人のファンなどは困り果て、

「明日は月曜で、今夜までに帰らないと会社が首になるから、少しくらい降ったってやってくれ！」

と球場の門番に強談判《こわだんぱん》に及ぶ者もいた。

（注）前掲『値段史年表』によると、大正十四年頃の歌舞伎座観覧料は十円、大正九年頃の大相撲観覧料（桝席一人分）は二円八十銭。

ファン押し寄せる

十月十九日は二日続きの雨があがり、絶好の野球日和となった。開門は九時、試合開始は二時半だというのに、早朝四時頃から多数のファンが殺到し、球場入口には長蛇の列ができた。時間が経つにつれて電車から吐き出される人波は物凄くなり、早稲田駅の電車通りから球場にかけての道路はほとんど人で埋められてしまった。球場の周辺も人で埋もれて、入口は今にも壊されそうである。

この日はウィークデーの月曜日であるにもかかわらず、文字通り全国のファンが戸塚球場めがけて上京し、前日から旅館へ泊まって早慶戦を待っていた。また遠くはるばるインドネシア

のジャワ島から見物にやってきた熱狂的ファンもいた。

当日券売り場には会社をさぼったサラリーマン、ハンチング姿の小僧さん、半纏《はんてん》の職人、「早慶戦につき臨時休業 仕《つかまつ》り候」という張り札を出して休んできた店主や医者など様々なファンが並んだ。九時に売り出された一、二等席の当日券はすぐに売り切れ、また十時発売の三等席当日券もまたたく間に売り切れた。

開門を十分繰り上げて、八時五十分に入口を開けると、外野のスタンドはわずか四、五分で埋まり、正午にはすべてのスタンドが超満員、場内は全く身動きできない状態になった。

場内に入りきれないファンは入口で相当の小競り合いを演じたが、決して帰らず、柵外に人山を築いてワイワイと騒ぎ大混乱を呈した。あるいは電柱や樹木に登ったり、付近の民家の屋根の上、高台にある下宿屋の窓などから顔を出して試合を見ようとする者も大勢いた。これら場外のファンは一万人を越すと思われる。また、切符を何とか一枚手に入れて中に入ると、場外の仲間へアナウンスして場内の状況を伝えるという熱心な者までいた。

入場無料で、しかもあれ程熱狂した中止前の早慶戦ですら、狭隘《きょうあい》な三田綱町球場でも何とか収容できるぐらいの観衆であったが、あれから十九年、戸塚球場始まって以来の大盛況である。

球場前には抜け目なく、絵葉書、寿司、サンドウィッチ、パン、キャラメル、サイダーを売る商人、自転車預り所を出張っている商人などで非常な賑わいを呈し、またスタンドでは腰の下に敷くための古新聞紙を売っている者までいた。場外の自動車や自転車の数も記録破りの多さで、とにかく物凄いばかりの人気である。

この日、各新聞社は球場に行けないファンのために、試合経過の状況をリアルタイムに伝える独自の速報台を作って、近県市内の各所に設置していた。

時事新報社は、米国のスタンダード・ベースボール・プレーヤーボールド会社と特約を結び、東京において「プレーヤーボールド」なる速報システムを使用する特権を得た。

このプレーヤーボールドは野球場をそのまま縮図にした縦三メートル弱、横三メートル強の大掲示板で、電話で入ってくる戦況に基づいて、ダイヤモンドを描いたその掲示板にボールの行方や選手の動きを同時通報として表示するものである。

アメリカではメジャーリーグの各チームや新聞社などは必ずこのプレーヤーボールドを備え、刻々に進展する試合の経過をその掲示板の上で速報している。日比谷公園に設置されたプレーヤーボールドは、我が国最初の試みとして評判を呼び、さながら試合を観ているのと同じなので、入場できないファンはいずれもここへ押し寄せた。

また、報知新聞社は丸の内本社社屋の前に電光装置野球実写機を特設し、東京朝日新聞社は東京市内目抜きの場所二十五ケ所に、東京日日新聞社は十五ケ所に速報台を設けた。いずれも大掲示板に描かれた野球場の図の上に選手の一挙一動を示し、刻々と変化する試合状況を伝えるものであった。

待ちに待った光景

早慶戦の復活を十九年間待つことができたファンや関係者も、この日ばかりは一分たりとも待ち切れぬといった様子で、晴れの早慶選手の入場を今や遅しと待ち続けていた。

正午十分過ぎに、まず慶応の選手が淡鼠《うすねずみ》のユニフォーム勇ましく球場に乗り込んでくると、豪雨のような拍手が起こった。

そして一時間程遅れて午後一時、クリームのユニフォームに海老茶のストッキングが雄々しい早稲田の選手も堂々と入場し、破れるような拍手と大歓声を浴びた。

順番に練習を終えた早慶両チームは、ホーム付近で選手入り混じっての記念撮影をした。日本国中が待ちに待った、球界の双璧早慶の握手を現出した実に微笑ましい光景である。

この日の復活試合は明治の三審判の下で行われる。球審は湯浅禎夫、塁審は岡田源三郎監督と二出川延明。早慶両校は復活試合の審判を誰に依頼するかでかなり苦心した。帝大の芦田公平か中野武二か、明法立帝の四大学の選手か。結局、協議した結果、早慶仲介の重大なる功労者である明治に依頼することに決した。

これを聞いた湯浅は一世一代の思い出、栄えある光栄として審判を買って出て、ルールブックを熟読して研究し、試合に備えた。また岡田も自らこの重大責任にあたり、前夜は日頃信仰している八幡宮へ祈願をし、眼薬をさして水枕をして審判のため静養をした。

早稲田は竹内愛一、慶応はエース永井武雄が病後のため左腕投手の浜崎真二が先発である。

かくして午後二時三十分、場内外三万人以上もの大観衆に見守られる中、球審湯浅のプレーボールは宣せられ、十九年ぶりの早慶戦の幕は切って落とされた。

一回表慶応の攻撃。先頭打者加藤がボックスに立つと、歓声が雷の如く轟いた。百戦錬磨の竹内投手もさすがに青ざめてマウンドに上り、第一球はボールであった。そして二球目で加藤をセカンドフライに打ち取って、竹内もようやく生色《せいしょく》を取り戻した。

一回は両軍ともに三者凡退で無得点。二回表慶応は再び三者凡退に終わったが、迎えたその裏早稲田の攻撃。先頭打者の井口がショートの右をライナーで抜くヒットを放ち、これをセンター橋本がファンブルして後逸したため、井口は一挙二塁まで進んだ。

このチャンスに、続く河合が井口と同じ所にヒットを放って、ランナー一塁三塁となり、ここで迎えた氷室もショート左にヒットを打って、井口生還。早稲田早くも1点を先取した。

この後、早稲田はヒットや連続押し出しなどで3点を追加し、早くも4対0とリードした。

浜崎投手は球のキレ、コントロールとも本来のものではなく、自ら交代を申し出たため、慶応はここで早くも投手を浜崎から新人の浜井武雄に代えた。しかし、その浜井も押し出しとなる四球を投げ、５点目を与えてしまった。

号外出る

記念すべき復活第一戦。各所に設けられた速報台では試合前からファンの黒山を築き、この戦況が克明に展開されていった。時事新報社が特設した日比谷のプレーヤーボールドは、十五分遅れて午後二時四十五分より試合開始となった。

「ファーストバッター加藤君。」

と説明役の高声が聞こえてくると、それまでざわめいていた場内はにわかに静まり返った。「ボール」「ストライク」の声と板上の球の動きに拍手が起こり、ランナーは板上を走り、球は板上を自在に飛んでいく。戦況に合わせた合いの手に真相を摑んだ説明が入るので、選手の姿こそ目に見えないが、実際の試合と同じ興味を沸かせた。

ファンも思わず、

「浜崎引っ込め、永井を出せ！」

と怒鳴るほどボールドの戦いは真に迫っている。六回裏に早稲田の瀬木が一、二塁間で挟殺される際、ボールとランナーが追いかけっこする様子をあまりに精巧に表現したため、ボールドと試合の両方に続け様の拍手喝采が送られる程であった。

べき大試合にしては、二試合とも大差がつきすぎて期待外れの凡ゲームに終わり、観衆の中には失望を口にする者も少なくなかった。

しかし、この復活試合については勝敗や得点などは取るに足らず、両校の選手も関係者も勝敗よりは永遠に早慶戦が続くことを祈願していた。この試合の意義は決して勝敗などではなく、試合そのものであったのだ。

竹内、藤本の両投手を擁する早稲田は、この時正に黄金時代であり、それに比べて慶応は不振の時代、低迷の時代を迎えていることは誰しも異論のないところである。これほどの弱体チームは慶応野球部史上ないと言っても過言ではない。

だが、むしろこのように弱い時代にこそ、敢然として早稲田と戦うべきだという意見が慶応内で強調されていた。苦しいチーム事情を抱え、時の不利を知りつつも早慶戦の復活を快諾した慶応は、この敗戦にも何ら恥じることはないと言うべきである。

また、早慶復活戦で最も懸念されていた彌次は何の不祥事も起こさず、二試合を通じて観衆は実に静粛で理想的な試合に終わった。試合中はもちろんのこと、慶応選手が試合後敗れて引き上げる際も、早稲田の校歌が勢いよく歌われるような暴状は全く見られなかった。

どこまでもスポーツマンシップに終始したこの試合は、競技の範を示すものとして世人から賞賛された。十九年という時の流れが観衆を立派に洗練してくれていたのだ。

早慶の握手は祝福すべき一大エポックであり、日本球界は新時代の扉を開けたのであった。

悲願達成

第一回六大学リーグ戦においてファンが最も注目していた早明戦は、明治湯浅の三連投も空しく、二勝一敗で早稲田が勝った。

明治を下して意気上がる早稲田は、朝鮮、九州、名古屋に転戦し、再び東京に戻ってきたシカゴ大と、リーグ戦途中にして決勝戦を行うこととなった。この試合で早稲田が勝てば、明治四十三年以来シカゴ四度の訪日、早稲田三度の渡米で初めてシカゴに勝ち越すことになる。飛田の悲願が達成されるのである。

十一月九日、いよいよ最後の決戦の時がやってきた。この日早稲田は必勝を期して、大投手竹内を先発させたが、竹内は予想に反して振るわなかった。逆にガビンズの快投に健棒は封ぜられ、また飛田の気持ちを察して緊張しすぎた早稲田守備陣に凡失が続出し、前半で4対0とリードされてしまった。誰の目にも早稲田の勝利はもはや絶望と思われた。

するど五回裏の早稲田は、ノーアウト一、二塁のチャンスから、長打やエラーなどで一挙5点をあげ、ついに逆転に成功した。

その後、竹内に代わった藤本がシカゴを一安打に封じて三塁を踏ませぬ好投を見せ、打っては藤本、山崎のホームランなど本来の地力を発揮して、更に5点を追加。結局、10対4のスコアで早稲田が大逆転勝利をおさめた。

これで二勝一敗二引分、早稲田はついにシカゴに勝ち越した。大正八年の冬季練習から復讐の機を心に描きつつ、早稲田の監督として心血を注いだ飛田の念願はようやく達せられたのだ。観衆にしてみれば、ただ0対4の不利な形勢を見事にはね返した痛快さを味わった程度でそれ程の喜びもなく、選手にしてみても、早慶戦や早明戦に勝った程の感激はない。しかし、大正十四年十一月九日、この日は精根を尽くし、家庭をも犠牲にし、これまでの生活を棒に振って六年間貧乏生活を送ってきた飛田にとって生涯を通じての吉日であった。

飛田は夢心地で我が家に帰った。抱きついてきた二人の子供をしっかりと抱くと、ホロホロと涙が落ちてきた。そしてその夜、「もう自分のなすべき仕事は終わった。不満足ではあるが、高恩の早稲田野球部や恩師安部先生にもいささか報いることができた。」と心密かに監督辞任の決意をしたのである。

十一月十二日、飛田は安部に辞任の意向を申し出た。そして家に帰って、監督を辞任することをお願いしてきたと報告すると、二人の子供は、

「万歳！」

と言って飛び上がって喜んだ。野球の専任監督というのは社会的にも認められていなかったたた

め、「お前のお父さんは野球の先生だろう。」と言われるのが、子供にとっては非常に辛く、肩身の狭い思いをしていたのだった。

そして飛田は、リーグ戦の最終試合となる十一月二十七日の帝大二回戦を最後に監督を勇退した。二代目監督には、大正六年秋から三年間主将を務めた市岡忠男が就任した。

六大学野球リーグ戦、第一回目の栄冠は、八勝一敗の早稲田に輝いた。明治は慶帝立法を撃破しながら、早稲田に負け越した上、帝大にも一敗して二位に終わった。慶応は三位。新加盟の帝大は明治を一勝二敗一引分に苦しめるなど大いに健闘し、立法をおさえて四位と、その実力が認められた。また立教は五位、法政に至っては帝大に一引分があるだけで一勝もあげられず、惨憺たる成績で最下位に終わった。

この秋の野球界は早慶戦の復活、シカゴ大学の来日、六大学リーグ戦の開幕、そして竹内、湯浅の二大投手が最後のシーズンとして投げ合う早明戦などが大評判となって、人気は沸騰し、野球の大衆化を一層促進することとなった。

武士道野球の完成

飛田忠順が早稲田の監督に就任した当初、これを聞いた大元老の橋戸信などは、飛田が引責退部した部員であったために、あまり喜ばしいこととは受け取らなかった。だが、飛田は監督となるや、独自の野球論を持ったその「熱」と「力」と「智謀」の指導によって、多くの名選手を生み出し、我が国野球界稀有の早稲田黄金時代を立派に確立したのである。

飛田は、野球の中に武士道を取り入れた一高野球の崇拝者であった。一高の「死の練習」を野球人の魂の中に失ってはならないものであると訴える程、一高の「野球道」「武士道野球」を礼賛《らいさん》して継承し、そして完成させた。一高にとっての武士道とは、「死をも恐れずに根性を鍛え、魂を修養する」という精神を基調とした道徳である。

飛田が考える日本の野球道とは、飛田本人や彼の教え子、球界関係者らが記したものをまとめると、次のようなものである。

「日本の野球は単なる趣味娯楽を超越して、魂を吹き込んだ修養の野球でなくてはならない。よってその目的や本分は試合場ではなく練習場にのみ存在し、自ら難行苦行の鍛練に臨むことにある。その鍛練は苦痛であり、虐待でもあるが、絶えざる血涙と汗水が野球に必要な純粋なる魂を生む。選手はチャンスにもピンチにも動ぜず、平常心で立ち向かえる不動の精神力と技術の向上、そして何よりも勝たねばならぬということを前提として、命を賭けた死の猛練習をする必要がある。練習は選手完成の基本であり、練習のない野球は成り立たない。それは技術の上ばかりでなく、精神力を養う上においても練習の持つ力は最大最強なのである。そして相手に勝たんとすれば、尋常一様の努力では足りず、相手を凌駕するに足る二倍、三倍の練習をしておかねばならない。」

これは飛田の野球に対する信念であり、特に学生野球の生きる道であると信じていた。そのため飛田は練習至上主義を説き、周囲から非難されるほど虐待に等しい練習を選手たちに強要してきた。一人の選手に間をおかず、右に左に猛ゴロを打ち、ついにその選手がひざをつき、両手をついて動けなくなるまでノックを浴びせ続けるという鍛え方をした。

また飛田は、自分の師であり、第二の父でもある安部磯雄の影響も強く受け、武士道の意味するところを更に進めた。安部にとっての武士道とは、不正や卑劣な行動を恥じ、フェアプレーや正義を遂行する精神、いわゆるスポーツマンシップを基調とした道徳である。

(飛田はその後、飛田穂洲《すいしゅう》の筆名で中等学校野球や六大学野球の戦評、野球評論、随筆に健筆を振い、「一球入魂」「快打洗心」「練習常善」などの言葉を日本球界に残した。)

日本野球の父

大正十五年二月、早稲田野球部にとって正に育ての親である安部磯雄が、早大教授を辞して政界に進出する意志があったため、野球部長を辞任することとなった。

野球部に係わっていたこの二十五年間、アメリカ遠征の実現、近代野球術の普及、戸塚球場の建設と整備、外国人チームの招聘など数多くの功績を残したが、早稲田野球部ばかりでなく、安部が日本球界に残した足跡は誠に偉大なものであった。

破天荒とも言われた明治三十八年のアメリカ遠征は、日本の野球に高らかな明けの鐘を打ち鳴らし、これ以後、安部の尽力によって日本の野球は健全に発達し、本場のアメリカにも劣らない程の隆盛を見るに至ったのである。もし安部の野球に対する高き理想と絶大なる抱負、そしてすぐれた実行力とがなかったら、日本の野球は大衆化の道を進んでいくこともなく、寂しく学校内のみで見受けられる競技のままであったかもしれない。

また安部は、野球選手は常に節度を持った紳士でなくてはならないと考え、いかにグラウンドで活躍していても、粗暴に流れるような者では選手たる資格はなく、世間も野球を歓迎しなくなってしまうと説いた。

この安部の考え方は球界の根底へと伝わり、野球という外国競技を日本人の心の中へと導いた。正に日本の野球そのものが安部によって育てられたと言ってよく、安部磯雄こそ「日本球界の大恩人」「日本野球の父」なのである。

安部は社会主義運動の中で、社会本位の新しい日本人、新しい日本国を作る夢を持っていたこともあって、従来の日本式諸競技の個人プレーよりも野球のチームプレーを愛した。安部自身野球選手としての経験こそなかったが、彼の人生観、社会観はチームプレーの精神に相通じるものがあった。

第五章 野球黄金時代の到来

――野球に魅せられた日本人

早慶戦前売切符発売の日、切符を買おうと球場めがけて殺到した殺人的群集
（昭和４年10月11日午前５時頃）〈写真：「野球界」昭和５年２月、野球界社〉

一、球場に殺到、ラジオに群がる

神宮球場第一号

大正十五年十二月二十五日、大正天皇が崩御され、同時に元号は「昭和」となった。球界は弔意を表して一切の活動を停止した。

昭和元年はわずかに六日間しかなく、明けて昭和二年、早稲田は春のリーグ戦に参加せず、第五回のアメリカ遠征を行った。この遠征で二十二勝十二敗という好成績を収め、初めて勝ち越すことができた。二十二年前の第一回遠征で七勝十九敗であったことを考えれば、日本の野球も本場のアマチュア野球を凌駕せんまでにレベルアップしたと言える。

早稲田不在の間に一躍リーグ優勝をさらったのは、腰本寿監督率いる慶応であった。慶応にはこの春、中学球界の超大物選手、高松商業の宮武三郎と第一神港商業（現・神戸市立神港高校）の山下実が入部した。

二人ともその強打ぶりは中学時代から全国に鳴り響き、山下は典型的な長距離打者であった。また、宮武に至っては日本人離れした大打者であるとともに大投手でもあった。

二人は四月二十九日に神宮球場（大正十五年十月完成）で行われた、この春最初の試合である帝大一回戦から出場した。山下は四番一塁手で登場し、四打数二安打、宮武は先発投手八番として登場し、さすがに投打とも〝超〟のつく麒麟児だけに帝大をシャットアウトして自らも五打数三安打。両者ともチームを15対0の大勝へと導く活躍ぶりを見せた。

特に宮武は、帝大の至宝東武雄投手から神宮球場第一号となる大ホームランを左中間芝生席に叩き込んだ。この時分の飛ばない球でのこのホームランは、正に驚異的である。この巨人宮武、怪物山下らを迎えた慶応は、これまでの貧打線に別れを告げ、恐るべき打線となった。

慶応は宮武、浜崎らの投手陣が断然他校を抑え、八勝三敗で堂々と優勝したが、宿敵早稲田の不在とあっては物足りなさは否めない。早慶戦にも勝っての優勝というのが慶応の念願であり、選手も塾生も早稲田との対決の日をひたすら待ち望んだ。

野球熱高まる

昭和二年の夏、甲子園球場で行われた第十三回全国中等学校優勝野球大会で我が国最初の野球ラジオ実況放送が行われた。大会初日の八月十三日午前九時から行われた第一試合「札幌一中対青森師範学校」（現・札幌南高校と弘前大学教育学部）が野球実況放送の初試合になった。

この野球放送の第一号は、ＮＨＫ大阪放送局ＪＯＢＫによって行われたもので、全国ネットではなく関西地区でしか聴けないものであったが、昭和二年八月十三日は日本における野球放送の第一声が出た記念すべき日となった。もちろんスポーツ放送の第一声である。

東京ではこれに遅れること十一日、八月二十四日に神宮球場で行われた第二十一回一高三高定期試合で初めて実況放送を行った。

一高三高戦は明治三十九年の第一回試合以来、毎年定期的に行われており、日本球界では早慶戦の次に古い歴史を有する対抗野球試合である。両校とも全校あげて熱狂的な応援戦を展開し、技術的にはともかく伝統を誇る年中スポーツ行事の花形でもあった。そこでNHK東京放送局JOAKは、実験の意味も含めた東京第一号の放送に一高三高戦を選んだのだった。

この実験放送に成功したJOAKは、いよいよ日本球界の華、六大学リーグ戦の放送に踏み切ることにした。秋のリーグ戦は、春不参加の早稲田も帰ってきて六大学が全部顔を揃え、しかも早慶明の優勝争いという下馬評通りに三校が強く、連日超満員という人気であった。

このリーグ戦初の実況放送となったのが、十月十五日神宮球場で行われた早明二回戦である。早明ともにここまで法立帝相手に連勝し、全勝での対決となっただけにこのリーグ戦初の放送には満都の野球ファンが大いに注目した。

この時のアナウンサーは松内則三《まつうちのりぞう》で、一高三高戦の中継で一度経験している彼は持ち前の研究熱心と強気な性格から、天にも達する意気と自信でこの日の放送に臨んだ。そして、

「ピッチャー、第一球投げました！」

というスタイルで、常識では考えられない原稿なしでの実況放送に当たったのである。

このシーズンの放送はほんの数試合に過ぎず、まだラジオも各家庭にそれほど普及していなかったが、ラジオ屋の前は連日黒山のような人だかりになるという人気ぶりで、野球熱の高まりに拍車をかけた。

当初野球放送など行うと、球場へ足を運ぶ観衆を減らすことになると憂慮する声も一部にあったが、減るどころか今まで野球を見たこともない人々を野球へと導き、球場へと殺到させることになった。ラジオによる野球放送は、「野球を聴く観衆」というものを作り、野球の大衆化をますます促進させて野球の普及に大きな役割を果たした。そしてそれは、あらゆるスポーツの実況放送の魁《さきがけ》をなした我が国スポーツ界の画期的な出来事であった。

王者交代

法立帝に連勝したものの明治に連敗してしまい、意気消沈の早稲田。片や法政に敗れたものの明治を二勝一敗一引分で下し、意気あがる慶応。昭和二年秋の早慶一回戦は、絶好の野球日和となった十一月六日に行われた。

早朝から神宮球場に押し寄せた多くのファンは、午前十時の開門と同時になだれを打って流

日比谷公園に設置された復活早慶戦の試合速報システム「プレーヤーボールド」に群がるファン（大正14年10月）〈写真：「野球界」大正14年12月、野球界社〉――国立国会図書館蔵

戸塚球場が満員で入場できないため、隣家の屋根や電柱から早慶戦を観戦しようとするファン（大正15年5月27日）

れ込み、午前十一時には三万五千人の超満員、入場謝絶になった。（神宮球場は昭和六年春に拡張して六万五千人収容となるまでは、三万五千人が最大収容定員であった。）

慶応は復活早慶戦で二連敗した後、大正十五年春も二連敗、秋は一勝二敗としたが、決勝戦はサヨナラ負けという惜敗であっただけに、この秋は何としても打倒早稲田の悲願を達成しようと燃えていた。

一回は両軍得点なく、迎えた二回裏慶応の攻撃。二死ながら一、二塁と先取点をあげる絶好の場面で、三谷は三塁頭上を越すレフト線への二塁打を放ち、福島が二塁から一気にホームインして、慶応が先取点をあげた。

慶応の浜崎投手は、三回表には三者連続三振に仕留めるなど見事なピッチングを披露した。復活早慶戦で早稲田にノックアウトされてから二年、往年の敗戦投手は生まれ変わったようにコントロールよく、早稲田の打線を見事に抑え込んでいた。

その裏慶応は、宮武、山下とともに「三銃士」「三羽烏」と呼ばれている福島鐐のランニングホームランなどで3点を奪った。

慶応は六回にも2点を追加し、結局浜崎が早稲田を散発三安打に封じる快投を続けて、6対0で慶応が勝った。

二回戦は、再び秋晴れの野球日和となった翌日に行われた。果たして早稲田はどう巻き返すのか。慶応が連勝の栄光をどう勝ち得るのか―。ファンの興味は益々高潮し、月曜日のウィークデーながら一回戦に劣らぬ三万五千人の観衆が神宮球場に殺到した。

試合は両軍得点なく迎えた三回表慶応の攻撃。一死三塁のチャンスに村川が三塁前へスクイズを試み、内野安打となって加藤が生還した。

慶応はこの後、四回に1点、更に七回にも1点を追加して3対0とした。

結局、試合は早稲田がわずか二安打という寂しさで、0対3のまま再度の零敗を喫した。慶応ついに悲願成る！しかも慶応にとって、早慶戦始まって以来初めてのストレート勝ちである。

復活からたまりにたまったうっぷんは一瞬に吹き飛び、慶応応援団は正に狂喜乱舞。新応援歌「若き血」の大合唱が始まり、そのあまりの熱狂ぶりに煽られた球場係員は試合終了のサイレンを鳴らし忘れてしまった程である。

ひたすらこの敵に勝たんとして精進してきた慶応は完全にその宿志を遂げた。慶応の選手はもちろん、腰本監督の頬にもハラハラと涙がつたって流れてきた。

かくして慶応は二戦を通じて早稲田に1点も与えず、優劣の位置を完全に逆転させることができた。大正後期の早稲田黄金期はついに終わりを告げ、代わって慶応時代が到来した。

試合後、歌舞伎座裏には慶応野球部のＯＢが集まっていた。復活早慶戦に苦杯を舐めた三宅前監督が立ち上がって何か言おうとするが、声にならない。そして三宅は泣き、参集者一同も大声で泣いた。苦節三年の末に早稲田を下したこの日の感激は、声を上げて泣く以外に言葉にならない程絶大なものであったのだ。

秋のリーグ戦は、九勝二敗四引分の明治が六大学連盟成立以来初めての覇権を握った。

十戦十勝

昭和三年春のリーグ戦は慶応がアメリカ遠征のため不参加となり、非常に寂しいものとなった。この五大学リーグ戦では、六戦全勝同士の対決となった早明戦に二連勝した明治が、悠々と八戦全勝で二連覇を達成した。

天皇陛下は、摂政宮時代の大正十五年秋に、野球技御奨励の思召をもって、六大学リーグ戦に摂政杯を御下賜になっているが、この頃は政府の野球競技に対する認識と理解が非常に深まり、この春田中義一首相から内閣総理大臣杯がリーグ戦に寄贈されることになった。この総理大臣杯は、摂政賜杯とともに優勝校明治に授与された。

これをもって、運動競技を代表する野球において六大学リーグ戦はますます我が国の代表的国民的ゲームの色合いが濃くなったのである。またこの春から、好試合は洩れることなくラジオで中継放送され始めたため、リーグ戦の人気は高まる一方であった。

秋のリーグ戦は、二十四勝十五敗一引分と優秀な成績でアメリカから帰国した慶応も加わり、明か慶か早かと覇権の行方に大きな興味が注がれた。

慶応は帰国後、浜崎投手が突如家庭の事情で退部したため、その投手力が多少心配されたが、宮武の高松商業の後輩である水原茂が入部し、その水原の活躍によって微動だにもしなかった。また打の方でも宮武、山下、福島、井川、楠見、浜井らの超弩級《どきゅう》的選手が顔を揃えていた。

洋行帰りのチームはとかく弱いとされていたが、この秋の慶応は圧倒的に強く、五大学をすべてストレートで下す十戦十勝の偉業を成し遂げた。

この昭和初期の黄金時代の慶応は、日本球界有史以来最強のチームと言われ、到底この牙城に迫るチームはないと思われた。そして、高度な野球を展開し、慶応の黄金時代を築いた腰本監督は、大正二年に来日したこともあるニューヨークジャイアンツの巨匠でメジャーリーグ史に残る超大物ジョン・マグロー監督の名を頂き、「和製マグロー」と言われた。

腰本はハワイの二世であったが、明治四十一年に慶応がハワイ遠征を行った際、マネージャーの鷲澤与四二に目をつけられ、日本へ連れて来られた逸材である。そして学費を支給してもらい、慶応普通部に学んだ後、大正三年から慶応の野球部に入った。卒業後は大阪毎日新聞社の記者となり、大毎野球団の主将も務めていたが、復活早慶戦での惨敗後、ＯＢの桜井や神吉などから緊急動議が出て、大正十四年暮に監督に就任したのだった。

救世主登場

六大学リーグ戦の人気は年ごとに高まっていたが、昭和四年春の大きな興味と関心を呼んだのは、中学球界の麒麟児と称された和歌山中学の快速球左腕投手、小川正太郎が早稲田に入学したことであった。

小川は「和歌山中に小川あり」と全国にその名を轟かせた中学球界随一の大投手で、〝華麗なピッチング〟という言葉が当てはまる程、力感溢れる美しいフォームをしていた。竹内愛一投手以後、ここ数年投手難に喘《あえ》いでいた早稲田にとって、小川の入部は正に救世主の登場であり、沈滞した投手陣に活を入れる起爆剤となった。

この注目の小川投手は開幕二日目の早法二回戦に早くも登板し、延長十二回を投げ抜いて法政に得点を許さなかった。しかも、わずか四安打を与えただけで三振十七を奪う堂々たる快投ぶりを見せ、1対0と見事初陣を飾った。

早稲田陣営は慶応宮武投手に拮抗する強力な戦力として、小川に大きな期待を寄せた。そしてファンは、日本球界の生んだ最高最大なる打者としての宮武と小川が対決する場面を一刻も早く見てみたかった。

この春のリーグ戦は明治が渡米中のため参加せず、五大学による優勝争いとなったが、早慶ともに法立帝をストレートで下し、最後の早慶戦によって覇権の行方が決まることとなった。

非常に期待されて復活した早慶戦であったが、復活当初は早稲田が黄金時代にあり、慶応がほとんど新人で陣容整わず実力の差が大きかったため、むしろ竹内、湯浅両投手の投げ合いと強打者を揃えた早明戦の方が興味深い試合と言えた。そして昭和二年になると、今度は慶応が黄金時代を迎え、逆に早稲田が弱体化し、早慶の歯車はかみ合わないでいた。

しかし、昭和四年に至ってようやく双方の実力は伯仲し、ついに互角の戦いが期待できるようになったのだ。しかも優勝をかけた六戦全勝同士の早慶戦とあって大接戦が予想され、満天下のファンの注目はこの決戦に集まった。

慶応に四連敗中の早稲田はこの春雪辱せねば、あまりにも痛ましい汚点を残すことになる。一方の慶応は昭和二年秋の慶明三回戦以降全くの負け知らずで、目下リーグ戦二十連勝という大記録を更新中でもあり、絶対に負けられない。

「小川か宮武か。」

「早稲田雌伏三年の復讐なるか。慶応連勝の栄誉を負うか。」

両校学生のみならず、全国津々浦々の野球ファンは胸を轟かして、両エースの対決、そして両軍の決戦の日を待った。

この春は切符の前売りをやめたこともあって、熱狂的なファンがこの一戦を是が非でも観ようと前夜から毛布持参で詰めかけ、神宮球場の内外野の入口に泊まり込みをする騒ぎとなった。

野球観戦の切符を求めるファンの徹夜組が現れたのは初めてのことである。

世界三大競技

昭和四年五月十八日、早慶第一回戦の日。この日は不測の事態を恐れて、非番全員を招集した四谷署と神楽坂署の警官と、駒込、早稲田、青山各署の応援警官総勢四百名が早朝五時から警備にあたった。午前十時の開門を前に入場券発売を待つ人が長蛇の列を作り、外苑内を遠く権田原の電車通りにまで及ぶ有様で、さすがに物凄い人気である。

この日の入場者は三万五千人で超満員、入場できずに場外にあふれたファンは約一万五千人と、神宮球場開設以来の大観衆が殺到し、十一時には早くも門を閉めて満員締切の札を掲げた。自転車預かり所は一台十銭で預かり、十一時までに約三百台、草履売りは一足五銭で千足も売り尽くした。また入場券にはプレミアムがついて、五十銭の外野券、一円(注)の内野券が五円、六円でも飛ぶように売れている。我が国は世をあげてこの早慶戦の渦の中に爆発した。

また海外でも、ペルーやブラジルなど南米諸国の邦字新聞にも早慶戦の記事が掲載され、南米在住の日本人までが小川と宮武の対立、早慶の勝敗如何と期待している。

いつしか早慶戦は、一八二九年に始まったイギリスのケンブリッジ、オックスフォード両大学のボートレース、そして一八七五年に始まったアメリカのエール、ハーバード両大学のフットボール戦と並び称せられ、誰からとなく「世界三大競技の一つ」とまで言われるようになった。両競技とも大学が、町が、国が両雄いずれかに色分けられる国民的ビッグイベントである。

早慶戦は百年の歴史を有するイギリス両大学戦の四分の一、五十余年の歴史を有するアメリカ両大学戦に比べても半分の歴史しか持っていない。にもかかわらずここまで盛んになり、世界に轟く日本の代表的競技と化したのは誠に驚異的としか言いようがない。

十一時頃、殺到したファンによってついに外野入口の一角が破られてしまった。そのため、群衆が津波のようになだれ込み、その分レフトスタンドにいた観衆が押し合いもみ合いの果てグラウンドにあふれ落ちて、多くの負傷者を出す惨事が起こった。中には右足脱臼と打撲で入院する重傷者もおり、顔中血だらけにしながらも、

「医務室へ行ったらもう試合は見られなくなる」

と頑張っている者もいた。

また、この騒ぎで外野の売店の弁当六百個が壊されてしまい、かなりの無料入場者も出てしまった。それでも場内で切符を売ったら二千人ほどが買ったというから、野球ファンは実に正直である。

（注）前掲同様に換算すると、昭和四年頃の一円は現在の約二千五百円に相当すると思われる。

両雄投げ合う

昭和四年春の早慶第一回戦。予想通り慶応は先発投手に宮武を立て、早稲田は小川を立ててきた。全国野球ファン待望の宮武、小川の投げ合いである。また慶応は、左投手に対する左打者の不利を考えて、山下を出場させず、右打者を一番から九番まで並べる作戦に出た。

一回は両チームともランナーを出したものの無得点に終わった。そして二回裏早稲田の攻撃。一死満塁と絶好の場面に小川が見事一塁左を抜くヒットを放って1点を先取。早慶戦における久しぶりの得点に早稲田応援団は文字通り狂喜乱舞した。

このスタンドの大歓呼に場外のファンはたまらなくなり、低い外野スタンド後方の塀に手をかけて、有刺鉄線を物ともせずよじ登り、手から血を出しながら場内に続々と飛び下りてきた。

球場の内外もさることながら、街のラジオ屋の前にも黒山の人だかりができ、多くのファンが早慶戦の実況放送に聞き入っていた。出前小僧もラジオに張り付いて動かないため、半休業の店が随所に続出するという状態。また時には、この人だかりを整理している交通巡査までが、

「今、どっちが勝っていますか。」

と尋ねることもあり、それ程日本国中が早慶戦を注視していたのだった。

ラジオ放送局は東京、大阪、名古屋に続いて札幌、仙台、広島、熊本に順次設立され、天皇陛下の即位の礼関連行事の放送に間に合うように、昭和三年十一月五日、全国放送網が完成さ

れた。これにより、この春から六大学野球リーグ戦の模様が全国放送の電波に乗って、全国津々浦々の野球ファンへ伝えられたのだった。そして、JOAKの松内則三、河西三省《かさいさんせい》アナウンサーがともに個性豊かな名放送を全国のファンに伝えたため、野球のラジオ放送は爆発的人気を呼んだ。正にラジオは野球熱を全国に勃興させて、野球黄金時代を誘致した功労者である。

二回裏に3点をあげた早稲田が優勢かと思われたのも束の間、迎えた三回表、慶応が二死ながら満塁となると、ここで登場したのは巨人宮武三郎である。

宮武は期待に応えて、三塁の右を抜く眼にもとまらぬ猛ヒットを放った。これで二者還って慶応は2点を返し、1点差に詰め寄った。

しかし、この日の宮武は従来の球威を失い、その配球もあまりに策がなかったため、早稲田は七回にも三快打などによって更に2点をあげた。

試合は結局、慶応に打ち勝った早稲田が5対2で先勝し、見事三年ぶりに宿敵慶応の堅陣を粉砕したのである。早稲田の救世主小川の左腕は、二十連勝を続けていた慶応の前に立ちはだかり、正にその覇権を脅かさんとしていた。

大接戦

昭和四年春の早慶二回戦は雨のため一日延び、五月二十日、絶好の快晴に恵まれ神宮球場で行われた。この日はウィークデーながら、会社や商売、学校も投げ出してやってきた人が早朝から殺到し、やはり物凄い人気である。

観衆の数は球場の定員をはるかにオーバーして、その数四万人ではないかと言われた。第一回戦の際の混乱を再び引き起こさぬよう、五百名に達する警官隊が厳重に要所要所を固め、警戒に当たっていた。

小川を立てて一気に連勝を狙うか。それとも小川を休ませて、この日敗れたとしても決勝戦で慶応を下すか。早稲田にはこの決断が迫られたが、結局今シーズン好調の山田良三を先発させることにした。

一方の慶応は一敗しているため、必勝を期して宮武を連投させてきた。宮武は日頃の練習で、三、四百球のピッチングを物ともしない強靭《きょうじん》な肩を作り上げ、連投も全く意に介さなかった。

一回表先攻の早稲田は、二死三塁と早くも先取点のチャンスを迎えた。ここで四番森が見事センター前へはじき返したので、一回戦同様早稲田が先取点をあげた。

しかし、その裏慶応もすぐ反撃に出、ストレートの四球で歩いた楠見を水原がバントで送り、次の町田も四球で出た。山田の投球は実に不安定で、早稲田のベンチ前では早くも小川がウォームアップを始め出した。

この一死一、二塁の場面で登場したのは四番の宮武である。しかし、期待された宮武はセカンドゴロ。セカンドはアウトになったが一塁はセーフで、二死一、三塁となった。迎えるバッターは、ベーブ・ルースの名を頂き、「和製ベーブ」と謳われている強打者山下実である。

ここで早稲田は早くも山田をあきらめ、突如小川をマウンドに送った。山田はわずか十六球を投げただけの無念の降板となった。山下は一―一の後、センターオーバーの三塁打を放ち、楠見、宮武が相次いで生還。慶応2対1と逆転し、試合は早くも大波乱、大接戦である。

そして二回表に早稲田が3対2と逆転すると、その裏慶応もすぐさま3対3の同点とし、四回表に早稲田が再び4対3と逆転すると、慶応もその裏再び4対4の同点とした。この近来稀に見る互いに抜きつ抜かれつのシーソーゲームは、球場を埋め尽くした大観衆を一喜一憂させ、そして熱狂させた。

結局この二回戦は、水原のタイムリー三塁打で5対4とした慶応が勝ち、見事雪辱が成った。両軍死力を尽くしての打撃戦となったこの試合は、復活後初めて名実兼ね備えた最高の試合であり、さすがは早慶戦と全国のファンを肯かせた。

慶応の水原はこの試合サードで先発し、二回途中からマウンドに上ったが、実に5点中3点を一人で叩き出すという大活躍であった。また投げても、そのサイドスローによるインシュートと緩いアウトカーブを程よく混ぜる巧みなピッチングで完全に早稲田打線を抑えた。

東京日日新聞

明治廿五年三月八日（第三種郵便物認可）

昭和四年五月二十一日（火曜日）

號外

10—7

慶大遂に優勝す

早大と決勝第三回戰

全國[illegible]球ファンの血を沸した早慶第三回決勝試合は廿一[illegible]後二時半から神宮球場に於て擧行、兩軍應援[illegible]大熱狂裡に戰を進めたが、遂に十對七で慶應[illegible]が優勝し今春リーグ戰の覇權を握つた試合經過左の如し

試合經過

	一	二	三	四	五	六	七	八	九	
慶應	0	0	5	0	1	2	2	0	0	10
早稲田	0	4	0	3	0	0	0	0	0	7

早慶戦に勝った慶応のリーグ優勝を報じる号外

（「東京日日新聞」昭和4年5月21日）

天下の壮観と謳われた黄金時代の早慶戦

決勝戦における小川と宮武の一騎討ち（昭和4年10月15日）

〈写真：「野球界」昭和5年4月、野球界社〉

全勝対決の結末

昭和四年五月二十一日、決戦の日はついに来た。前夜からスタンドの蔭に泊り込み、夜を明かした熱狂的なファンは三、四十名。これに対抗して三百名余りの警官が不測の事態に備えて球場付近に野宿した。警視庁は、午前五時には応援警官も合わせて約五、六百名の警官隊を物々しく出動させ、場外、場内の要所要所に押し立てて、厳重に警戒した。

午前七時の開門と同時に観衆は場内に流れ込み、スタンドは文字通り人の山と化して、身動きできぬ混雑ぶり。また、スコアボードにも人がよじ登り、まるで鳩小屋のように観衆が鈴なりにとまっているため、戦う前から物凄い気が球場を圧していた。

しかも、この日売店で用意していた寿司、サンドウィッチ、弁当、バナナ、アイスクリーム、アイスコーヒーは午前中にすべて売り切れてしまうという凄まじさであった。

前二日間の激戦で両軍の投手力は疲労していたため、決勝戦の投手起用は両軍共に悩まされた。しかし、早稲田は行き詰まっても三度《みたび》小川に頼らねばならず、慶応はやむなく新人の上野精三を立てた。

かくして午後二時三十分、満天下の耳目を集めた決勝戦は、早慶戦の優勝とリーグ戦の優勝をかけて開始された。

一回は双方得点なく、二回裏の早稲田は先発上野とリリーフの水原を攻め、二死から一挙4

点を入れた。しかし慶応は三回表、すぐさま反撃に出た。一死満塁の場面で、打撃好調の水原は期待に応え、レフトオーバーの走者一掃の三塁打を放ち、一挙に3点を返した。

そして二死後、宮武が右中間のフェンスにワンバウンドで当たる大三塁打を見舞い、続く山下もヒットを放って更に2点を追加し、5対4とたちまち形勢を逆転した。疲労の極に達した連投の小川の球威は目に見えて衰えており、この回慶応に七本のヒットを浴びてしまった。

しかし早稲田は四回裏、何と3点をあげて7対5とし、再びリードを奪った。追いつ追われつのゲーム展開は満場を熱狂させ、早慶両選手はここを先途と気勢をあげる猛烈な応援を浴びて戦っていた。

これに対し慶応は五回表に1点、六回表に2点をあげて、8対7と再び逆転に成功した。慶応は六回裏から水原に代えて宮武をリリーフとしてマウンドへ送った。小川同様三連投の宮武は期待に応えてよく投げ、三つの四球を与えたのみで早稲田を無安打に終わらしめた。結局慶応は、小川に代わった新人の松木賀雄投手をも打ち、10対7で早稲田を下した。

全国野球ファンの血を沸かした早慶決勝戦は、慶応十安打、早稲田九安打という猛烈な打撃戦の末、慶応の勝利に帰し、慶応は八勝一敗でリーグの覇権も得たのである。街には慶応の早慶戦優勝を報じる号外が各所で飛び出していた。

宮武三郎と小川正太郎の対決は、実に豪華な顔合わせとして日本球界にひときわそびえ立ち、早慶戦の人気は絶頂に達した。どの新聞もその日の夕刊のトップで早慶戦を報じ、その熱狂ぶりを伝える見出しが躍っていた。

また六大学リーグ戦への注目度も高まり、野球人気はますます沸騰していった。

二、世は早慶戦天国

殺人的人気

春の早慶戦から日本球界は完全に〝宮武・小川時代〟に入り、「小川・宮武世紀の対決」「打つは宮武、投げるは小川」と謳われ、早慶戦というものがあらゆる意味において最高潮に達していた。その昔、日本が源氏の白旗か平家の紅旗かに両分された如く、この一戦に日本国中は「早」か「慶」かに両分された。

この秋、ファンの予想と期待通り、早稲田は法立帝明にストレート勝ちして八戦全勝。慶応も立教二回戦と明治戦を残して五戦全勝という成績で、早慶戦を迎えることとなった。この再度の全勝対決に、満天下のファンはいやが上にも興奮させられ、その人気は春以上の凄まじさであった。

もう何日も前から、皆浮かされたように「慶」と言い、「早」と言って、仕事も勉強も手につかなかった。街はどこに行っても早慶戦の話で持ちきりで、「早」「慶」いずれかの名を言わない者は雑談の仲間入りができないという有様であった。早慶戦は秋のすべてのスポーツを超越して、世の中のあらゆる活動を停止せしめん勢いを以て、人々の心をかき乱したのである。

このように全国民が〝早慶戦亡者〟と化して大熱狂する様は、日本野球史の枠をはるかに越えて、日本史上に特筆すべき昭和初頭の社会現象となっていた。

試合は十月十二日と十三日の予定であったが、春の混乱に懲りた連盟は切符の前売り制度を復活させることにした。そしてこの秋より、学生には厚く一般ファンには薄くと学生券を多くすることにしたため、一般ファンの切符入手は極めて困難になってしまった。

一般ファンへの前売切符は試合前日の十月十一日午前八時から神宮球場で発売されるが、両校の学生や関係者で大部分が買い取られてしまっているので、一般ファンにはわずかしか廻らない。二日間を通じて内野四千枚、外野一万六千枚の計二万枚を売るだけとあって、数千人のファンが午前二時頃から雨の中を押し寄せた。そして、午前四時頃にはプレミアム目当ての買い占め者までが混じって二万余の大群衆となってしまい、警官隊が出動して整理に当たったが、この殺到した群衆を制し切れるわけはなかった。

これらファンを四ケ所の売場に何とか一列ずつ並べたが、我れ先と焦る者が多く、列がしばしば崩れて混乱に陥った。皆着物が裂けようが履物がなくなろうが全く気にせず、正に命懸けで並んでいる。切符が売り出されると、わずか三十分で売り切れてしまったため、押しかけたファンの大部分は切符が買えず、至る所で怒号が聞こえ、喧嘩が始まる始末となった。

一枚の切符の争奪にサラリーマンは会社を休み、学生は授業をなげうち、切符を持っているかいないかで多年の親交さえも破ってしまう程である。またどうしても切符を買う日まで会社を休めないサラリーマンなどは、二円三円(注)と日当を出し、人を雇って切符を買いに行ってもらったりした。早慶戦は立派に失業者救済にも役立っていた。

ここ数年で野球ファンは驚異的に急増し、野球は一挙に花開いた。階級と老若男女とを問わぬその熱狂ぶりは、世界無類の切符争奪戦を展開した。試合当日の観衆の秩序が正しくなければ、多少の負傷はもちろん事故死さえ覚悟しなければいけないという〝殺人的人気〟である。野球はもう完全に、国技以上の力ある第二の国技となっていた。

(注) 前掲『値段史年表』によると、昭和二年頃の日雇労働者の賃金は一円九十八銭。

黄金の左腕

いよいよ待ちに待った昭和四年十月十二日、天気はあいにくの雨であった。前売切符を発売していたにもかかわらず、午前一時には終電車でやってきたファンが早くも神宮球場に姿を現し、雨のそぼ降る中、寒さも何のそのと徹夜で試合を待った。切符を買う時も徹夜、観る時もまた徹夜と、二日続けての徹夜はまるでキャンプ生活である。

結局、この日は雨のため中止となってしまったが、中には十一日の法帝二回戦終了後、翌日の早慶戦まで神宮球場の汲み取りトイレの便器の中に潜んでいようとした強者《つわもの》もいた。しかし、この恐るべきファンは試合が延期となってこれ以上に辛抱しきれず、やむなく中からはい出てきたのだった。

十月十三日日曜日、絶好の野球日和に恵まれ、早慶第一回戦はいよいよ行われることとなった。この日招待券が三十五円、一円の内野券が十七、十八円のヤミ値を呼んだが、それでも羽が生えて飛ぶような売れ行きで、二十円出しても思うように手に入らず、奪い合いとなる状態であった。中には五円なら安いものと喜んで手に入れて、いざ入場しようとしたところ、リーグの印が押していないため偽造切符であることが見つかり、警察に捕まる不運なファンもいた。

正午頃には内外野全観衆席はもちろん、招待席まで満員という大盛況である。かくして満天下のファンを狂わせたこの秋の早慶戦がいよいよ始まった。早稲田の先発投手はもちろん小川正太郎、慶応は春の早慶戦の殊勲者水原茂であった。

一回は両校得点なく、迎えた二回表早稲田の攻撃。一死二、三塁と絶好の場面となると、八番新人の佐藤がショートの頭上を越すテキサスヒットを放って、早稲田が1点を先取した。

この日、日比谷公園には時事新報社がプレーヤーボールドを設置した他、ＪＯＡＫがラジオ放送の聞こえる大きな拡声器を特設したので、入場できなかった何万人ものファンが殺到し、ぎっしりと広場を埋め尽くした。

また、市中至る所のラジオ屋の前はもちろん、拡声器を特設した三越、松屋、松阪屋の屋上も満員の大盛況で、松内アナウンサーの興奮し切った口調の放送に血を沸かし、拍手歓声の渦であった。このラジオ放送で全国津々浦々の野球ファンが沸き返り、皆耳からの早慶戦に酔いしれたのである。

小川の快投は回を増すに従って冴え、慶応に得点を許さず、早稲田も以後九回まで無得点を続けていた。

九回表早稲田は、一死二塁の場面で、小川が三塁強襲安打を放ち、続く今井がライトフェンスに達する三塁打を放って、二者生還。早稲田が貴重な追加点をあげた。

その裏、慶応最後の攻撃は一番からの好打順であったが、楠見セカンドフライ、水原セカンドゴロ、山下四球を選んだものの、期待の宮武がショートゴロに倒れてゲームセット。３対０で早稲田が勝った。

この日小川の球威凄まじく、慶応打線をわずか二安打に抑えてシャットアウトした左腕は、正に〝黄金の左腕〟であった。

徹夜の大騒動

昭和四年秋の早慶二回戦は、快晴に恵まれた十月十四日、前日の一回戦にも勝るファンの熱狂裡に神宮球場で行われた。

負けられない慶応は必勝を期して、当然エースの宮武を先発させたが、早稲田は春の早慶戦で小川を酷使して敗れた失敗に鑑み、二回戦はどうあっても小川を登板させず休養させる方針を決めていた。そのため、高橋外喜雄を先発させ、小川以外の投手総動員で行くことにした。

これは市岡監督にとっては実に悲痛な投手起用であり、捨てゲームと言われても仕方がなかった。しかし、小川は何としても休ませて、一勝一敗の決勝戦で慶応を倒すことだけを考えた。

一回表の慶応は、楠見がいきなり左中間二塁打を放ち、本郷の送りバントで楠見を三塁へ進めると、山下が右中間へ大三塁打をカッ飛ばして、早くも1点を先取した。慶応はこの回、打者一巡の六安打を放って、4得点。前日とは見違える程の攻撃力を爆発させた。

そしてこの後、二回、五回、八回にもそれぞれ1点ずつ入れ、結局慶応が7対0で雪辱した。宮武は早稲田打線を散発五安打に抑え、一回戦のお返しとばかりに早稲田を完敗させた。

早稲田は、高橋—多勢—松木—清水と四投手を繰り出してリレーしたが、長短十二安打を浴び、一方的な試合となってしまった。これで早稲田には小川以外に慶応の強力打線を封じきれる投手がいないことをいやというほど思い知らされた。

決勝戦の入場切符は、翌十五日午前八時から売り出されることになっているが、待ち切れぬファンは二回戦が終了してわずか二時間後の午後六時過ぎからぼつぼつ切符売場に現れて並び出し、十時にはついに千人を越えた。また、それをあて込んでラーメン屋やおでん屋の屋台が出て徹夜で商売を始め、弁当、寿司、サンドウィッチ、カステラ、酒、筵《むしろ》、ゴザ、新聞を売る者、果ては大道易者まで出る騒ぎ。神宮球場は夜明け前から切符を求めるファンに包囲され、熱気が渦巻いた。

そして、この宵越しで待つファンは、いつの間にか三万人にもふくれ上がり、彼らが早稲田や慶応の歌を歌いながらかがり火をたいて夜明けを待っている様、球場の電燈下やロウソクの火を頼りに将棋をさしたり、碁を打ったり、麻雀やトランプに興じたりしている様、雑誌を読んだり酒盛りしたり、蓄音機を持ち込んでレコードに聞き入っている様は、あたかも大震災直後をほうふつさせ、百姓一揆さながらの物々しさであった。五百名の警官が徹夜で警戒にあたるこの一大騒動は、日本野球史始まって以来の出来事である。

早慶決勝戦!! もう日本国中がこの噂で持ち切りであり、「早慶戦を見ずして時代の先端は歩めず」とまで言われている。かつてのような「満都のファン」どころではなく、「全国のファン」が待ちに待ち、〝早慶戦狂騒曲〟を奏でるのだ。我が国は正に〝早慶戦時代〟となっていた。

起死回生

昭和四年十月十五日。この日は一片の雲もなく、晴れ渡った絶好の野球日和である。

徹夜をしたファンのために時間を繰り上げて午前七時に開門されたが、観衆は満員のあまり例によってスコアボードにも鈴なりに止まっており、早慶戦見物は本当に命がけであった。

先発投手は早稲田がもちろん至宝の小川正太郎、慶応は連投となる宮武三郎を立ててきた。待ちに待った早慶二大投手の一騎討ちとあって、試合は筆舌に尽くしがたい程の大興奮、大歓声、大叫声に包まれて進んでいった。

そして七回を終了した時点で慶応が3対1とリードしていたが、早稲田は八回表に二死一塁の場面で森が左中間へ二塁打を放って1点を返し、1点差に詰め寄った。

ここで慶応は宮武を一塁に退け、代わって三塁を守っていた水原をマウンドへ送った。近代継投戦術の開祖といわれる腰本監督ならではの、いつもの作戦である。早稲田応援団は一打逆転を祈ったが、水原が水上をセンターフライに打ち取り、慶応は何とかピンチを切り抜けた。

その裏、慶応は無得点に終わり、いよいよ九回表早稲田の攻撃を迎えた。内外野のスタンドはもう総立ちである。球場内のファンもラジオの前のファンも、全国のファンが試合の成り行きにただ耳目を傾けている中、三塁側スタンドでは慶応の応援歌「若き血」がこだまし、一塁側スタンドでは早稲田の校歌「都の西北」が響き渡り、早慶の歌が交錯している。この二つの歌はラジオに乗って全国に普及し、単に一大学の応援歌や校歌の域をはるかに越えて、もはや日本の歌となっていた。

この最終回の土壇場で、早稲田は無死二、三塁とまたとないチャンスを迎えた。早稲田の興廃と期待を担ってこの絶好の場面に現れたのは、ここまで三打席ノーヒットの佐藤茂美である。

全早稲田に期待された佐藤は、一―二からの四球目に来たアウトカーブを力を込めて強打すると、打球は火の出るようなライナーとなってセンターの左前方へ飛んで行った。センターの楠見は左打者に備えてややライト寄りに守っていたが、ここは一打同点の大事な場面、しかも早慶戦という大舞台であったので、ワンバウンドで止めることをせず、思いきって横走突進し、直接捕球しようと勝負に出た。

彼の自慢の快足は必ず打球に追いつくであろうと誰もが思い、楠見がグラブを差し出したその瞬間、左打者の当たりであるだけに打球は左に切れて急に落下し、楠見のグラブの下をくぐるように抜けて行った。球は勢いよく左中間フェンスまで転々とし、二人の走者が還って、早稲田ついに逆転した。打った佐藤も、二塁を回り三塁をも走り抜けて、一気に本塁へ突入した。

「セーフ！」

球審天知の右手が下げられた。砂煙をあげて猛烈なスライディングをした佐藤の左足が、捕手岡田のタッチよりも早くホームベースへ着いていた。

起死回生の逆転ランニング3ランホームラン!! 総立ちで熱狂する早稲田応援団は、狂喜して踊り上がり、帽子が舞い、コートが飛び、座布団、靴、新聞紙など手当たり次第に所持品が投げられた。神宮球場はただただ大歓声が沸き起こり、興奮するばかり。期せずして「都の西北」が爆発した。

そして尚も早稲田は攻撃の手を緩めず、この後1点を追加し、一気に6対3とリードした。

九回裏、慶応最後の攻撃。ベンチもスタンドも総立ちとなり、騒然とした中で本郷の代打伊藤がバッターボックスに入った。この回は山下、宮武に打順が回り、慶応サイドとしては期待が持てたが、伊藤ライトフライ、山下セカンドフライに倒れ、宮武もショートゴロを打って万事休す。6対3で見事早稲田が劇的な逆転勝ちをおさめ、早慶戦の優勝を遂げた。また同時に六シーズン三年ぶりのリーグ優勝も果たした。

黄金時代の光と影

昭和四年秋の早慶決勝戦で佐藤が放った逆転打は正に大ドラマであり、国民の野球熱により一層火をつけた。十一月一日から本郷座で行われた新国劇では、この日の早慶決勝戦の壮烈な場面を劇化した、竹田敏彦作の「決勝戦の日」を上演した。この「決勝戦の日」は天下を熱狂させた早慶戦に現れた勝者の歓喜、敗者の悲哀、美しいスポーツマンシップ、応援団の熱と意気等を新しい演出法を以て取り扱った芝居である。早慶戦はこれ以外に落語や漫才のネタにもなり、それほどに早慶戦は日本社会における国民共通のビッグイベントだったのだ。

この秋の早慶戦の入場料売上は、一、二回戦はともに一万七千円、決勝戦は一万六千円という盛況ぶりで、総計五万円。世の中は不景気の風が吹き荒れているというのに、野球界ばかりは不景気とは無関係で、この金額こそは日本社会の野球黄金時代を如実に物語っていた。

だが、黄金時代であるこの昭和四年に、我が国初の職業野球団「芝浦運動協会チーム」が解散することとなった。大正九年に誕生したこのチームは、大正十二年の関東大震災で芝浦球場が使用不可能となると、翌十三年二月に関西の阪急電鉄に引き取られ、阪急の経営する宝塚球場をフランチャイズ球場とし、名称も「宝塚運動協会チーム」と改められた。

しかし、関西球界には東京における早慶のような人気チームもなく、なかなか興行成績があがらなかったため、昭和四年七月三十一日、夏の遠征を最後に解散を余儀なくされてしまった。日本にはまだ野球事業というものが早すぎたのである。

驚異のメジャーリーガー

昭和六年秋の日本球界は、六大学リーグ戦が終了しても未だシーズンは終わらず、ビッグイベントが待ち受けていた。読売新聞社が日米親善と自社の宣伝のため、社運を賭けて全米選抜チームを招聘したのである。

ヤンキースのホームラン王、ベーブ・ルースは、オフシーズンはすでに映画会社と契約してしまっていたため来日できなかったが、それでも読売が大金を投じて招いただけあって、それまで日本のファンが接したことのない、超豪華な顔触れであった。

関係者やファンの注目の的は、アスレチックスの百万ドル投手レフティ・グローブで、〝スモークボール〟の異名をとるその超豪速球は、あまりに速くて煙のように捕手のミットに消え去ってしまうという。この年三十五試合に登板完投して三十一勝四敗という驚異的な成績を残し、メジャーリーグ随一の好捕手ミッキー・カクレーンとのバッテリーでワールドシリーズに出場している。

この世界一のバッテリーが見られるだけでも凄いが、更にヤンキースのルー・ゲーリッグ内野手もお目見えする。ゲーリッグはこの年、ルースとともに四十六本のホームランを放ち、ア・リーグのホームラン王、最優秀選手に選ばれている。この世界的スタープレーヤーたちが顔を連ねる一行を、大正九年に早慶をコーチしたことのあるハーバート・H・ハンターがマネージャーとして率い、日本のファンから熱烈な大歓迎を受けた。

この全米軍に相対する全日本軍のメンバーには、ファン投票で選ばれた選手を更に六大学監督、リーグ関係者、読売新聞関係者など十一人の選考委員が投票し、最終的には慶応の選手が八名、明治八名、早稲田七名、法政二名、立教二名の計二十七選手が選抜された。この中には、すでに卒業した宮武、山下ら早慶のかつてのスター選手も含まれていた。

またこの全日本軍の他、六大学各校、駿台倶楽部、八幡製鉄、関西大、横商倶楽部、全横浜も対戦することになった。

全米軍はまずこの秋リーグ初優勝を果たした立教と試合を行ったが、勝敗は問題にならず、7対0で全米軍が楽勝した。しかし、翌八日に対戦した早稲田は、鉄腕投手と呼ばれている伊達正男の好投によって七回表が終了して5対1とリードし、全米軍を苦しめた。

この試合で八回からグローブ投手が登板したが、噂に聞くスモークボールは本当に速くて見えず、日本球界を代表する早稲田の選手をわずか二十一球で六連続三振に仕留めた。

観客も選手もスモークボールの実体を自分の目で実際に見るに及び、ホーッとため息をつき、ウーンと唸る他に言葉が出なかった。この日ラジオの実況放送をしていた松内アナウンサーも

「グローブ投手投げました。あっ、見えません。ストライクッ！」

とその速さを伝えていた。

この試合は七回裏に全米軍が大量7点を奪い、結局8対5で逆転勝ちをおさめた。

以降全米軍は各地を転戦し、十七戦全勝の記録を残して帰国した。

第六章

弾圧との戦い

――野球は敵性スポーツなり

戸塚球場で行われた出陣学徒壮行早慶戦
この試合の感激を胸に、学徒は戦場へ向かった（昭和18年10月16日）
〈写真：早稲田大学大学史資料センター〉

一、野球統制令と軍部の弾圧

暴令下る

異常なまでの加熱を生み出している六大学リーグ戦は、その盛んなるが故に半ば興行化の傾向にあり、六大学の選手たちも映画スターや流行歌手並みにあらゆる類の話題で世間を賑わす存在になってしまっていた。

また一方で、野球を経営政策に利用する私立の中等学校や野球ブローカーに躍らされて遠征試合をする学校が出たり、更には凄まじい選手争奪戦が演じられるなど、野球の興隆は学生野球の間に種々な弊害を生み出す結果につながってしまった。

そこで文部省（現・文部科学省）が野球の統制浄化に乗り出し、昭和七年三月二十八日、昭和七年文部省訓令第四号「野球ノ統制並施行ニ関スル件」を発令して、四月一日から施行することとなったのである。

この訓令は、盛んになりすぎて常軌を逸しそうな学生野球に真っ向からアマチュアリズムを振りかざし、崩れ行く球界の風潮を正そうとした取締令であり、「野球統制令」と俗称された。

その内容は次の六つに大別されている。

一、小学校の野球に関する事項
二、中等学校の野球に関する事項
三、大学及び高等専門学校の野球に関する事項
四、入場料に関する事項
五、試合褒賞等に関する特殊事項
六、応援に関する事項

例えば大学及び高等専門学校の野球に関しては、「入場料を徴収する試合を行い、その使途に於て入場料に関する事項中二の（四）〈各種体育運動の普及発達に必要なる経費〉に充当する場合は其の事情を具し文部省の承認を得べきこと」や「学生生徒は文部省の認めたる場合の外入場料を徴収する試合に参加するを得ざること」などといった厳しい統制が加えられている。

これによって以後、上は大学から下は小学校に至るまで、野球部の組織、経営収支の末にわたって文部省の検査や許可を必要とし、試合もその都度それぞれの機関を経て許可を必要とするのみならず、選手は学資金にまで干渉されることになるのだった。

しかし、官庁から何の援助も受けずに、今日の隆盛を実現した野球が、今更取締りや指導を受けなければならないのは、球界にとって遺憾この上ないことであった。

これに対し、元来スポーツというものは大衆の手で自由に育てあげ、その統制と浄化は自制的自浄的であるべきで、決して野球を官僚的に取締り、〝官製野球〟に改装すべきではないと訴える声が非常に多かった。

しかもこの統制令は、野球を善導するというよりは野球を圧迫干渉して非常に窮屈なものにしてしまうとして、野球関係者やファンからは好感を以て迎えられなかった。統制に名をかりて野球の大衆化を妨害しようとする〝天地開闢以来の暴令〟とまで言われた。

だが二年後、この野球統制令が日本球界に新たな動きを起こさせることになるのである。

球聖来《きた》る

昭和九年の六大学リーグ戦終了後、「球聖」と呼ばれる世紀の大打者ベーブ・ルース一行が来日することになった。野球ファンにとっては正に夢のような出来事である。

昭和六年の全米選抜チームの招聘に大成功をおさめた読売新聞社の正力松太郎《しょうりきまつたろう》社長は、今度こそとベーブ・ルースの来日を熱望して画策し、ようやく実現の運びとなったのだった。

しかし前回の時とは異なり、この時は野球統制令によって、学生選手が職業選手と試合を行うことが禁じられている。そのため読売新聞社は、六大学選抜チームを日本代表として対戦させるわけにはいかず、不本意ながらも日本中から学生でない選手を集めて全日本軍を結成せざるを得なかった。

また、早稲田の元監督で読売新聞運動部長の市岡忠男を中心に、慶応の元監督三宅大輔、早稲田OBの浅沼誉夫《よしお》、そして、読売新聞運動部嘱託でアメリカ野球評論の健筆をふるっていた鈴木惣太郎《そうたろう》の四人は、かねてより職業野球の創設を計画していたため、この全米軍来日を好機として、正力社長に職業野球団の設立を進言した。

正力がこれを承諾したので、今回ベーブ・ルース一行と対戦する全日本軍は、日米野球終了後に解消して職業野球団を設立する母体とすることとし、チームを結成する際、今回限りの者と職業野球団の選手になる者の二種類に分けて選手と契約した。

その結果、市岡総監督、三宅監督の下、早稲田OBの久慈次郎を主将として、浜崎、伊達、三原、山下、水原ら早慶OB十四名と、明法立OB五名の他、実業団や中等学校を中途退学した選手などを加えて計三十名が全日本軍のメンバーに決定した。いかに名選手といえども、実業団の選手では都市対抗ファンでない限り名前も知られていないので、自然人気と実力を兼備する六大学出身選手が結成の中心となった。

だが、そういった中で最も注目されていたのが、夏の中等野球大会終了後、京都商業（現・京都学園高校）を中途退学して参加した中学球界の奪三振王、弱冠十八歳の沢村栄治である。

沢村は長い間慶応の腰本監督からコーチを受けた愛弟子で、当然慶応へ進学するものと思わ

れていたが、市岡総監督が
「全日本軍は全米軍帰国後、職業野球団になるため、沢村なくして職業野球団は作れない。」

と腰本に懇願したため、腰本もそれを聞き入れ、全日本軍に沢村を譲ることにした。

一方、日系露人で旭川中学（現・旭川東高校）の異色投手ビクトル・スタルヒンは、早稲田へ進学する予定であったが、三年で中退して日米野球が最終戦の頃になって慌しく参加した。

全米軍は十一月二日に来日し、四日の神宮球場における東京倶楽部戦を皮切りに、北は函館から南は小倉まで精力的に全国を旅行して、至る所で熱狂的大歓迎を受けた。

静岡県の草薙《くさなぎ》球場で行われた第十戦において、日本は0対1と敗れたものの、先発の沢村が三段になって落ちるカーブを武器に、被安打五、奪三振九、四球一、失点はわずかルー・ゲーリッグのソロホームランによる1点のみという一世一代の大快投を見せ、「大投手沢村」の名を天下に轟かせた。

全米軍は十八戦全勝で、随所に高度のプレーを発揮したが、何と言っても超一流大打者のホームランに日本のファンは驚かされた。ベーブ・ルースが十三本ものホームランを放ち、次いでアール・エヴィレルが八本、ジミー・フォックスが七本、ルー・ゲーリッグが六本放つなど、総計四十七本のホームランを置き土産にして、十二月二日、全米軍は日本を離れた。

日米野球の終了と同時に昭和九年度の野球シーズンは終わったが、年の瀬も押し迫った十二月二十六日、職業野球団「株式会社大日本東京野球倶楽部」の創立総会が行われた。我が国に初めて職業野球団が結成された大正九年から十四年の歳月を経た昭和九年、こうして全米軍の来日と野球統制令の施行をその契機として、再び職業野球団が誕生した。

さらばリーグ戦

昭和十年春、文部省は六大学各野球部の入場料収入が多くなり過ぎて弊害を生む原因になりかねないとして、リーグ戦を「勝敗に関係なく各校と二回ずつ試合を行い、決勝戦は行わずにその勝率で優勝を争う」という二回戦制に変更させた。

そして、昭和十二年七月に日華事変が勃発すると、世の中には戦時色が浸透し始め、この大陸での戦争が次第にリーグ戦にその影を落とすようになってきた。文部省は野球統制令と軍部の力を背景に、真綿で首を締めるようなやり方で野球統制＝弾圧を始めたのである。

その結果、昭和十四年秋は、わずか一ケ月間で全試合を終了させるという自粛日程の強行を余儀なくされ、翌十五年秋からは、ついに文部省年来の宿望であった一本勝負、計十五試合という味気ないものとさせられてしまった。やはりこの一本勝負ではリーグ戦の魅力が半減するとあって、開幕当日から観衆が激減する有様であった。

リーグ戦は摂政賜杯の争奪であったため、野球嫌いの文部省も今まで威圧の手が出せないでいたが、統制を厳しくすることによって野球を完全に掌握し、次第に野球の試合ができなくなるように仕向けていった。

　更に戦争準備の物資人員の動員、輸送が一層激しくなって、交通制限が必要となったため、その措置として昭和十六年七月十二日には文部次官通牒が発令されて、明治神宮国民体育大会以外の全国的な各種運動競技大会は中止させられることとなった。地方大会も旅行を伴うものはすべて中止され、旅行を伴わない六大学、東都大学（昭和六年春発足）、関西六大学（昭和六年秋発足）などのリーグ戦と、中等学校では各府県だけの大会が許可された。

「野球は敵性スポーツなり」という軍部の野球追放の声が一段と高くなると、文部省は、「野球などのんびりとやっている時ではない。」との主張をますます強め、野球弾圧を続けていった。こうして野球は、戦時下においてその精彩を失って日一日としぼんで行ったのである。

　そして昭和十七年秋、大学野球は文部省の外郭団体「大日本学徒体育振興会」の手で、翌春から東京大学野球連盟（昭和七年に「六大学野球連盟」から改称）と東都大学野球連盟を統合して開催されることが決定した。真の学生野球の本道に還った対校試合を行うとのことである。そのため、六大学リーグ戦はこの秋を最後にその歴史に終止符を打つことになったのだ。

　一ケ月足らずの非常に慌しい強行日程であったが、三勝一敗一引分の早稲田が優勝し、リーグ戦最後の栄冠に輝いた。

大正十四年秋に三本勝負の豪華な幕開けをし、我が国の野球界に十七年間君臨し続けた六大学リーグ戦。野球の大衆化とともに、国をあげての国民的年中行事となったリーグ戦も、一本勝負という悲惨な姿に変えられて、ささやかにその幕を閉じたのである。

解散命令下る

六大学リーグ戦はいよいよ昭和十八年春より大日本学徒体育振興会の手で運営されるとあって、日に日に苦境に追い詰められてしまった。連盟側では軍部を背景とした文部省の野球弾圧に対応すべき心構えを持ち、早稲田の飛田忠順、慶応の直木松太郎、法政の藤田信男などの連盟理事は、リーグの存続をかけてこの対策に奔走した。

まず、飛田と藤田の両理事は、軍の兵務局に懇談会を申し込み、野球弾圧の不必要性とその無意味さを訴えた。飛田らは、軍部が米国の競技であるが故に野球を排除しようとしているのは大国民としてあまりに狭量に過ぎ、野球愛好家に不快の念を抱かせて、一億一心の大結束を感情的に破壊する恐れがあることを力説した。だが軍側は、

「我々は決して野球を排撃してはいない。ただこの際軍に協力して欲しいだけである。」

と答えるのみであった。これに対し、

「では文部省が軍の名を借り、単独で野球を圧迫しつつあるのか。」

と反問すると、

「文部省のことは知らない。」

と逃げてしまい、何ら誠意あるところが全く認められなかった。

この他、軍関係、文部省関係者との懇談を何回も持ち、野球弾圧の緩和を嘆願したが、もはや連盟側の要望が受け入れられるはずはなく、全く効果がなかった。

万策尽きた連盟では最後の望みを賭けて、我が国の二大野球王国早慶の両総長の力を借り、体育審議会で両総長から文部省を説得してくれるようお願いすることにした。慶応の小泉信三塾長は明治時代の慶応の庭球選手であり、学者として、教育者として第一流の人物であった。リーグ当事者は小泉に、文部省の弾圧状況、これまでの経過などを話し、このように苦境にある野球界に御協力をお願いしたいと、文部省との交渉を依頼した。これを聞いた小泉は、

「私の力で出来るだけのことをしてみましょう。」

と言って快く引き受けてくれた。

一方、早稲田の田中穂積総長は、大学統合問題の渦中にあるため文部省との交渉を避け、体育審議会の日は大学職員の葬儀が行われるとして、体よく依頼を断った。これで小泉一人が日本野球の命脈をつなぐために敢然と立ち上がり、文部省にぶつかっていくこととなった。

体育審議会は永田町の首相官邸の一室で開かれ、席上小泉は、野球の弾圧が極めて無意味に

して、かつその処置が極めて一方的であることを指摘し、文部省の反省を促した。更に真に一億一心の線にそわんとするならば、国民を無用に刺激するようなことは断じて避けなくてはならないと痛論し、野球のどこに国の煩いとなる点があるかと追及した。

この審議会には文部省の体育局長や陸軍兵務局長らも出席していたが、この小泉の正論に反発できる者は一人としてなく、皆黙ったままついに散会となった。しかし、文部省も軍部も小泉の正論に屈さねばならなくとも、野球弾圧という予定の行動をとりやめることはせず、もはや弾圧の暴力はどうすることもできなかった。

そして連盟側の懸命の努力と苦心にもかかわらず、文部省体育局は昭和十八年四月六日付でついに連盟に対し解散命令を下した。この春予定されていた新機構下での試合すら行われなくなり、東都大学、関西六大学の両野球連盟に対しても同様の厳達がなされた。また大学野球の場合は、各大学総長の方針に任せるということで、対校試合だけは認められていたが、中学校以下には野球禁止の厳達が下された。

六大学各校の野球部は、連盟が解散を命じられ試合ができなくなっても、銃をとる日までは決してボールを離さぬという覚悟で練習を続けていた。

二、散りゆく前の最後の早慶戦

出征のはなむけ

昭和十八年九月二十二日、政府は大学など高等教育機関の法文科系学生で二十歳を越える者の徴兵猶予の停止を突如発表し、軍隊への動員を発令した。校門から営門へ―。学徒進撃の至上命令が下り、いよいよ学徒出陣である。

大学在学中の適齢者は十月二十五日から十一月五日までの間に臨時徴兵検査を受け、十二月に入営するということになった。

「このまま戦場に行くのは残念だ。何とか早稲田と最後の一戦を交えたい。」と思った慶応の主将阪井盛一は、他の部員たちも同じ気持ちであったので、部長の平井新にその思いを伝えた。平井も伝統ある早慶戦こそ出陣する学徒たちへ何よりのはなむけになるとして、これに賛成し、小泉塾長に相談すると、小泉も大賛成であった。

平井は、早稲田野球部の顧問となっていた飛田を訪ねて、早慶戦の実施を申し出た。

「早慶両大学の学徒が、一片の儀礼的な壮行会を名残りとして出陣して行くのは、あまりに寂しいことです。出陣学徒の思い出になるような催しをして、彼らを華々しく送り出してやりたいのです。それには早慶戦しかないと思います。」

飛田はこれを聞いて事の意外に驚いたが、慶応のこの熱意ある申し出を受け入れることができなければ、慶応に対して面目がたたないと思い、意を決してこれを受けることにした。

飛田はすぐ外岡《とのおか》茂十郎《もじゅうろう》部長を訪ねて、慶応の申し出を伝えた。外岡も慶応のこの発案にいたく感嘆し、大乗り気であった。

しかし、大学当局は極めて消極的であった。いくら外岡と飛田が学内を説得して回っても、不測事態の突発などを心配して開催すべきではないという慎重論や軍に気兼ねする者の反対にあって、話が全く進展しなかった。

「これを受けぬという、不甲斐ないことがあるか！」

と飛田が学内の反対派に叱咤するも空しく、徒らに時間ばかりが経っていった。

軍部や文部省の御機嫌とりにばかり意をそいでいた早大当局としては、両者の意向に背いてまで試合を実現するだけの肚がなく、田中穂積総長も
「国をあげて戦争一本にしぼっている最中に、殊に空襲も予想されている時に早慶戦などをやって、大勢の人を集めることはどうか。」

と難色を示して賛成してくれなかった。

また文部省に反対されて、神宮球場の使用許可を得ることができなかったため、試合を行うとなれば、観衆を収容できる戸塚球場を使用するしかない。大学当局には、「戸塚球場は地元でもあり、事故でも起きたらこんな時に早大は何事ぞと世間から言われてしまい、大学としては取り返しがつかなくなる。今はとてもそんな状況ではない。」という意見が多く、あくまで世評を気にして許可してくれそうになかった。

慶応の阪井主将はじめ部員たちは、試合の開催がなかなか決まらず、いらだってきた。同じ日吉の合宿にいるラグビー部の連中は全員帰郷し、野球部でも一人二人と徴兵検査の準備のためという理由で故郷に帰ってしまう者が出たり、また帰郷を希望する者も出てきている。

徴兵検査の日が迫っている中で主将として責任のある阪井は、「戦場に赴くと、生きて再び還れない。早慶戦が無理なら選手たちを帰郷させて、一日でも多く両親や兄弟たちとの時間を持たせてあげたい。最後の孝養を尽くすために練習をきり上げよう。」と決断し、平井の許可を得て、選手を故郷に帰らせることにした。

平井は、部員の帰郷後も早稲田との交渉を続けていき、やると決まれば、すぐに部員を呼び戻すことを約束した。

こうして慶応の選手たちは、ついに早慶戦を諦めて、十月三日には練習をやめ、徴兵検査と入営の準備のために郷里へ散っていった。

覚悟の決断

慶応の部員では片桐潤三マネージャーがただ一人残り、早稲田の相田暢一《ちょういち》マネージャーと毎日のように会って折衝を怠らなかった。しかし、外岡、飛田、相田らの努力も空しく、早稲田側にはなかなか好転する気配はなく、日はどんどん経っていった。

そこで飛田は、最後に自分が総長に直談判をすることにし、相田を連れて総長を訪ねた。田中総長はあくまでこの時局下に、単なる野球のために多数の学生を一堂に集めることの不穏当さと空襲の例をあげ、不測の事態発生時の社会的責任を強調した。これに対し、飛田は総長に徹底して食い下がり、

「開催球場を戸塚球場とし、一般観衆は入れず、両校学生だけに制限すれば、出陣学徒の壮行試合という意味もあり、非常時に不穏当という非難は解消されるはずです。戦局の苛烈《かれつ》なことはわかっていますが、空襲といったところで、早慶戦開催中の戸塚球場に敵機が飛んでくる確率が果たして何パーセントあるとお考えですか。人を集めることがいけないというのなら、国技館で多数の観衆を集めている相撲は一体どうなるのです。球場に事故が万一発生した場合は稲門倶楽部をあげ、早稲田野球部が責任を負います。」

と語気強く言い切った。だが、総長は全く消極的な返事を繰り返すばかりであったため、これ

ではいくら話し合っても無駄であると飛田はその場を引き下がった。

直談判から合宿に帰った飛田は、外岡と相田に
「大学はあくまで試合を許可しないというのだから、慶応に対しては甚だ申し訳ないが、野球部としてお受けすることにしましょう。」

と言った。外岡もこれに同意した。早稲田大学の教授である外岡が総長の方針に反して早慶戦を断行するということは、職を賭《と》する覚悟の重大決心である。

外岡も飛田も責任の重さを感じつつ、相当の覚悟をもって早慶戦を実現させる決断をした。相田も退学を覚悟した。

もう一度野球ができる

外岡と相田は慶応の平井部長宅を訪ね、お詫びをして、この試合をやって頂きたいこと、但し野球部としてお受けすることをお願いした。平井は早稲田野球部の立場、心情を読みとって、彼らがそれだけ思い込んで受けてくれるなら、それで構わないと思った。時正に十月九日のことである。

相田から早慶戦開催の報告を受けた片桐マネージャーは、まだ開催日こそ決まっていなかったが、帰郷していた部員へ電報を打ち、急遽招集した。

そしてこの連絡を受けた部員たちは、「もう一度野球ができる。一つの区切りをつけて心おきなく戦場へ行ける。」と喜んで帰京してきた。

早慶戦が決まったことを喜んだのは、野球部員だけではなかった。開催決定の吉報が自然と学内に広まるや、両校の出陣学徒たちも大いに喜んだ。開催日は十月十六日、入場は無料。制服制帽の学生と招待者のみを入場させ、一般ファンはお断りすることを決めた。

慶応では全員が揃って練習を始められたのは、試合まであと三日という時であった。三日間の練習には力が入ったが、長いこと練習を休んでいたため、選手たちの動きは良くなかった。しかし、もう少し練習日数が欲しい、試合日を延ばして欲しいと言える状況ではなかった。今はコンディションが良いとか悪いとかは問題ではなく、とにかく「早慶戦ができるのだ。」という喜びだけで球を追い、バットを振った。そして、試合を立派にやろう、ベストを尽くそうと誓い合った。

早慶戦の前日、最後の練習を終えた早稲田の選手は、秋の夕日が落ちて暮色漂う中、全員で戸塚球場の掃除を行った。飛田と選手は皆手にほうきや塵取りを持ち、スタンドからグラウンドにかけて隅々まで掃除をした。

そして、慶応が気持ち良くグラウンドに入って来れるようにするのが我々早稲田側の務めであるとして、特に三塁側の慶応選手、慶応応援団が座るベンチ、スタンドは何度も何度も掃き清めたのだった。

学生と一緒に

昭和十八年十月十六日は全くの日本晴れと言ってよい快晴となった。五月にアッツ島玉砕があり、戦争に行くことは即ち死を意味していた。

「これが最後の早慶戦になるだろう。」

誰もがそういう思いでこの日の試合に臨んでいた。

両校の学生は内野スタンドを埋めており、また柵のない外野にもロープが張りめぐらされ、臨時の立見席が作られて、学生が五重、六重に並んでいた。そして、球場外の下宿屋の窓という窓は学生で鈴なり状態となっていた。

慶応側は小泉信三塾長の他、浅井体育会長はじめ、多数の先生が駆けつけた。小泉塾長は、早稲田の相田マネージャーにネット裏の特別席へと案内されたが、

「いや、私は学生と一緒にいる方が楽しいのです。特に今日は学生と一緒に試合を観たいのです。」

と言って、三塁側の土とコンクリートの学生席に古新聞を敷いて端然と腰を下ろした。塾生たちもそれを拍手で迎えた。このことを知った早稲田の選手たちは、慶応の野球部は幸せだと羨

ましく思った。

早稲田側はもちろん総長は来ない。早稲田でこの試合を見守ってくれたのは、外岡野球部長、山本忠興前野球部長、元野球部長代理の寺沢信計体育主事、そして、専門部法律科長の中村宗雄教授だけであり、大学幹部は何か起こって係わり合いになるのが嫌だと、誰一人として姿を見せなかった。一般の教職員として一人駆けつけた中村教授は、最初からこの試合の支持者であり、野球部とは無関係でありながら、

「何かあったら、私が全部引き受けるから、安心して試合をやりなさい。」

と相田を激励してくれた。

最後の野球

試合は十一時五十五分、球審天知俊一の右手が上がり始まった。幾多の困難、障害を乗り越えて、ようやくプレーボールまでこぎつけたのである。

この試合の審判は、明治ＯＢの天知に球審を、早稲田ＯＢの西村成敏と慶応ＯＢの本郷基幸の二人に塁審をお願いした。

早稲田の先発投手は予定通り剛速球で鳴る岡本忠之、慶応はエースの大島信雄ではなく、左腕の久保木清であった。慶応の選手は皆練習不足であったが、もちろん大島もその一人であり、

元々十分な投げ込みをやらないとすぐに肩が作れない投手であったため、到底投げられる状態ではなかった。

試合は一回裏に早稲田が1点を先取したのに対し、慶応も二回表、1対1と追いついた。ところが三回裏、早稲田は無死一、二塁のチャンスに近藤が二塁打をカッ飛ばして、1点を勝ち越した。ここで久保木はマウンドを高松利夫に譲ったが、高松も球威乏しく、続く笠原に痛打されてしまい、早稲田はこの回4点をもぎとった。

それ以後は早稲田側の一方的な展開で、思わぬ大差となってしまった。そこで笠原主将は「みんなの思い出となるように、たとえ一打席でもかまいません。全員試合に出してもらえませんか。」

と飛田にお願いしたが、飛田は最後までベストメンバーで戦わないと慶応に失礼だとして、

「その必要はありません。」

と言った。

戦前は慶応の方が優勢と思われていたが、意外にも失点を重ね、早稲田に十二安打と十二個の四球で計10点を与えてしまった。早稲田の応援団からは
「頑張れ、頑張れ、慶応！」

の声援が湧き、慶応側は全員帽子を振ってこれに応え、

「有り難う！」

の声が起こる。早稲田が慶応の応援もして、慶応が早稲田に惜しみない拍手と歓呼を送り、もう敵も味方なく、プレーする者、応援する者が一体となって、この日の壮行を祝った。

早稲田の岡本投手は、スタートから得意の伸びのある快速球が冴えわたり、結局慶応は散発七安打で、得点はわずか二回にあげた1点だけに終わった。

海ゆかば

こうして学徒出陣壮行早慶戦は、10対1の大差で早稲田が大勝したが、勝敗も得点も両校学徒には全く問題ではなかった。毎日練習を続け、十月十三日には戸塚球場で立教と練習試合を行い、相当な準備があった早稲田に比べ、練習不足となっていた慶応が不利であったのは言うまでもない。この試合が行われたことに大きな意義があったのである。

記念すべき試合を終えると、一塁側も三塁側も選手を前に母校の校歌、応援歌が湧き起こった。そして次に慶応は「都の西北」を声高らかに歌い、早稲田は「若き血」の大合唱で応え、共に近く戦場で戦友となる相手校学徒の健闘を讃え合った。

すると、一瞬の静けさの後、突然期せずしてスタンドのどこからか、「海ゆかば」が歌われ始めた。最初は戸惑いもあったが、それが潮騒のように徐々に拡がり、いつの間にか誰が指揮をとるわけでもなく、早慶両校二万学徒の一大合唱となって、戸塚球場全体を包み込んでいった。

海ゆかば
水漬《みづ》くかばね
山ゆかば
草むすかばね
大君《おおきみ》の
辺《へ》にこそ死なめ
かえりみはせじ

大伴家持によるこの万葉集の古歌は、昭和十二年に信時《のぶとき》潔《きよし》（慶応塾歌の作曲者）によって荘重《そうちょう》な旋律が付けられ、戦意高揚の歌として国民に愛唱されていたが、戦局の悪化に伴い、戦死者への鎮魂歌としての側面も持つようになっていた。

ユニフォーム姿の両校選手たちも、制服制帽ゲートル姿で場内整理や入口の受付を務めた早稲田の野球部員も泣きながら歌い、小泉塾長も飛田らも歌って、球場全体が完全に一つになった。皆の頬には知らず知らずのうちに涙が伝わってきた。

そこには、早稲田もなければ慶応もない。ペンを銃に代え、日本国民として戦場に赴き、祖国を救おうとする若き学徒の純真な姿があり、ただお互いに明日の健闘を誓うのであった。誰もが心の中では、このような早慶戦の感激を二度と味わうこともできなくなり、戦場の華と散って再び帰らぬ覚悟をしていたのである。

厳粛な空気が溢れる中、更に軍歌が歌われていく。そして、選手も応援団も一向に球場を去ろうとはせず、一つ歌が終わると、誰かがまた応援歌を歌い出す。すると皆腕を組み、肩を組みながら、何回も何回も軍歌や応援歌を歌い続けた。

学生野球の解散式

時が過ぎ、ようやく歌も歌い終わると、静寂がスタンドとグラウンドを覆った。やがて、三塁側を埋めていた慶応の全塾生が手を上げて退場の挨拶を送ると、早稲田の学生は一斉にこれを見送りながら、「頑張れよ。」「元気でいこう。」「しっかりいけよ。」「お互いにやろうぜ。」等々と絶叫し、慶応はまた「今度は戦場で早慶戦をやろう。」と応え、互いに好敵手の武運を祈り、壮途を祝し合い、黄昏迫るまで激励し合った。こうして涙また涙のうちに、若き出陣学徒にとっての〝最後の早慶戦〟は幕を閉じた。

塾生は出入口の混雑を避け、退場者に区切りをつけて、入口に接した部隊から逐次退場していった。そして、スタンドにいた小泉塾長が下に敷いていた新聞紙をきれいにたたんで、ポケットに収めて持ち帰ると、塾生たちもそれにならって新聞紙や周囲の紙くずをすべて拾い集め、くず箱に入れて帰った。慶応が退場したスタンドには塵一つとどめていなかった。

この日の塾生は実に敬服に値するものがあり、本当に慶応は最後の最後まで立派だった。飛田は「試合には勝ったが、慶応にはすべてにおいて完敗だった。」とつくづく思った。

この早慶戦は何の混雑、事故もなく、整然と挙行できた。早稲田大学当局の嫌がらせや妨害等も一切なく、すべて黙認してくれた。また球場には一般ファンも何人か押しかけてきたが、場内整理の部員が

「学徒壮行のゲームなので……」

と断ると、学生の思いを感じ取ってか、黙って立ち去ってくれた。

この四十年間、早稲田は慶応を、慶応は早稲田を、あるいは目標とし、あるいは宿敵としてお互いに挑み合い、励み合ってきた。またそれが日本野球の発展向上をもたらしたのであるが、八十回目の対戦となるこの早慶戦は、早慶の対抗意識も全くなく、学生野球を代表して解散式に代えた、記念すべき一戦であった。

完全消滅

六大学各校の野球部は学徒動員によってほとんどの部員が出陣してしまい、練習を行うことは非常に困難となった。そのため、明治が昭和十八年十一月末にいち早く部を解散し、法政、帝大もこれに倣った。

翌十九年五月、慶応が部員の出陣や報国隊の勤労動員（軍需工場や食糧生産現場への学徒動員）などによって、練習が継続不可能となり自然消滅した。また立教も六月に部員全員が召集されてしまい、ついに自然消滅となった。

そして六大学中唯一残り、「最後の一人になっても練習を続ける。ボールは離さない。」と頑張り続けてきた早稲田も全員が召集され、夏に自然消滅のやむなきに至った。

こうして大学野球のリーグ戦は中止され、各校野球部は消滅したが、職業野球だけはまだ存続して公然と試合を行っていた。

職業野球は、昭和九年に「大日本東京野球倶楽部」（現・読売ジャイアンツ）が創設され、翌十年には「大阪タイガース」（現・阪神タイガース）、以降数チームが創設され、昭和十一年二月に「日本職業野球連盟」が結成された。

しかし、我が国においては、野球といえば学生野球であり、野球を商売にすることはひどく邪道視されていたため一向に人気も出ず、やはり学生野球に比べて面白くないと言われていた。

新聞や雑誌などでも早慶戦やその他の六大学リーグ戦の試合については、試合前の観衆の熱狂ぶりや試合経過、戦評をページの大部分を割いて詳細に報じているのに比べ、職業野球は大きく取り上げられることはなく、「読売新聞」以外の新聞ではわずか数行で試合結果を記載しているに過ぎなかった。

昭和十九年一月、職業野球は時局に対応して、日本野球連盟(昭和十四年に「日本職業野球連盟」から改称)の名を「日本野球報国会」と改称し、〝報国〟を旗印に掲げることとした。そして、軍需産業に全選手を従事させながら、その余暇に健全な野球を慰安として提供するという決戦体制を決め、細々と試合を続行していった。

しかし秋には選手の応召が頻《しき》りとなり、選手不足から一チームを単独で作ることが不可能となってしまった。そのため、ついに公式試合を中止するに至り、二チームを一つに結合して三チームを作り、「日本野球総進軍優勝大会」という名称で試合を挙行することにした。

そして九月二十六日の大会最終戦をもって中止となり、日本野球報国会は十一月十三日、野球を一時休止する旨の声明を行った。

職業野球の試合が終わって日本の野球はすべて幕を閉じ、一時は「野球を語らざる者文化人に非ず。」という黄金時代を現出した野球も、これで日本から完全に消滅してしまったのである。

不死鳥のごとく

昭和二十年十月二十八日。太平洋戦争の敗戦から二ケ月あまりしか経っていないこの日に、戦後の野球第一戦として六大学ＯＢによる紅白試合が行われた。東京都心は一面焼け野原で、焼けただれたビルが無残な姿をさらけ出しているという状況にもかかわらず、神宮球場には野球に飢えていたファンが殺到した。

この後十一月には、全早慶戦《オール》、職業野球の東西対抗戦も行われ、また中等学校の野球も再開された。そして、翌二十一年四月には職業野球の公式戦が、五月には六大学リーグ戦が復活した。スタンドを埋め尽くした超満員の観衆の熱狂ぶりは、野球が最も大衆に愛されているスポーツであることを証明していた。

食糧と物資が乏しくても、服装が粗末でも、日本人の野球に対する情熱や欲求は物凄く、戦時中の弾圧も日本人の心から野球を奪い取ることはついにできなかった。すべてが無気力、混乱という敗戦の暗い世相の中で、野球は正に不死鳥のごとく復活したのである。

日米を対戦させた戦争は、日本野球を巻き込み、昭和十五年の慶応のハワイ遠征を最後に野球の日米交流を途絶えさせた上、野球の進歩を阻み、野球界を完全に荒廃させてしまっていた。

しかし敗戦国日本には、平和到来の喜びを満喫した形で、戦前に倍加して野球熱が勃興した。殊に六大学リーグ戦や中等野球大会のように多数の観衆を集めることができないでいた職業野球は「プロ野球」と呼ばれるようになり、俄然野球ファンの注目するところとなった。平和な時代の野球ファンには、野球商売を邪道視する気持ちはなくなっていた。

六大学リーグ戦も昭和三十年前後には、早稲田の広岡達朗、慶応の藤田元司、明治の秋山登、土井淳、立教の長嶋茂雄、杉浦忠といった名選手の活躍により、再び戦前の活気を取り戻し、特に長嶋茂雄を中心に人気を煽って、戦後の黄金時代を現出した。

しかし、昭和三十三年に長嶋、杉浦らが卒業し、六大学の人気を担ったスター選手がほとんどプロ野球へと進んで、それぞれのチームの中心になって活躍をし始めると、ファンの関心は六大学野球からプロ野球へと移って行った。永く日本球界の頂点に君臨してきた六大学野球の人気を、戦後のスター選手たちが、そっくりそのままプロ野球へ持って行ったのである。

これを契機に、日本球界の最高峰は、人気実力ともに六大学野球からプロ野球へと変わり、日本球界を代表する黄金カードも、早慶戦からプロ野球の日本選手権、すなわち日本シリーズへと変わって行ったのである。

●おわりに

日本に野球が伝えられて百三十年。その前半だけを振り返ってみても、国内を席捲《せっけん》しながら発展してきた日本野球の軌跡は、明治・大正・昭和の日本大衆文化史であることがよくわかる。だが昨今、日本人は選手もファンもメジャーリーグに目を向けるあまり、日本野球の価値や存在意義を疑問視し始めているのではないだろうか。私は日本人メジャーリーガーの活躍に諸手をあげて喜ぶ一方で、日本野球の行く末に不安を抱かずにはいられない。

今の時代にあらためて武士道野球を礼賛するつもりはないし、日本野球とベースボールは似て非なるものと言うつもりも全くない。私はただ、これ程までに独自の素晴らしい歴史を持つ日本野球は、もう立派に他国に誇れる我が国のスポーツであるということが言いたいのだ。「日本のプロ野球はメジャーの二軍」などと言って、日本野球を単にメジャーリーグ・ベースボールと比較して論じる対象とするのではなく、先人たちが築き上げてきた国家的財産、我が国の至宝として、今日の隆盛のまま後世に残し続けようではないか。

本場アメリカに劣らぬ野球大国の選手であることに喜びと誇りを持ち、メジャーに挑戦するにせよ、国内でプレーを続けるにせよ、日本人選手には常に堂々とプレーをして欲しいと心から願っている。

参考文献

書籍

『野球部史』第一高等学校校友会野球部（第一高等学校校友会・明治三十六年二月）
『最近野球術』橋戸信（博文館・明治三十八年十一月）
『運動界の裏側』運動術士（中興館・明治三十九年七月）
『書生界名物男』河岡潮風（本郷書院・明治四十四年七月）
『野球美談』有本芳水／東草水（実業之日本社・大正二年五月）
『私学の天下　三田生活』東奥逸人（研文社・大正四年四月）
『慶応義塾学生々活　三田っ子になるまで』豊福生（三田書房・大正九年一月）
『日本野球発達史』横井鶴城（美津濃東京支社・大正十一年六月）
『野球』橋戸信（目黒書店・大正十四年十一月）
『野球閑話』橋戸信（コズモス書院・大正十五年六月）
『日本野球史』国民新聞社運動部（厚生閣書店・昭和四年七月）
『早慶野球戦史』広瀬謙三（三省堂・昭和四年十月）
『早慶野球戦史（昭和五年版）』広瀬謙三（三省堂・昭和五年五月）
『野球通』橋戸信（四六書院・昭和五年五月）
『早慶野球年史』広津和郎（誠文堂・昭和五年十月）
『六大学リーグ戦　感激のプレー』横井春野（野球界社・昭和六年四月）

『野球・人・漫筆』飛田穂洲（人文書房・昭和六年八月）
『六大学野球全集』庄野義信（改造社・昭和六年九月）
『野球統制の話』山川建述（太陽印刷・昭和七年）
『慶応義塾七十五年史』（慶応義塾・昭和七年五月）
『日本野球戦史』横井春野（日東書院・昭和七年十月）
『野球』飛田穂洲（東京建文館・昭和十年九月）
『早慶野球決戦記　五十戦譜』大井手東繁（啓徳社・昭和十一年十月）
『青年と理想』安部磯雄（岡倉書房・昭和十一年十月）
『早稲田大学野球部五十年史』飛田忠順（早稲田大学野球部・昭和二十五年三月）
『球道半世紀』飛田穂洲（博友社・昭和二十六年八月）
『球界　八十年の歩み』中沢不二雄監修（日刊スポーツ新聞社・昭和三十一年五月）
『早慶野球戦物語』広瀬謙三（ベースボール・マガジン社・昭和三十二年六月）
『日本の野球発達史』広瀬謙三（内外タイムス社・昭和三十二年十月）
『安部磯雄伝』片山哲（毎日新聞社・昭和三十三年六月）
『スポーツ八十年史』（日本体育協会・昭和三十三年八月）
『慶応義塾野球部史』野球部史編纂委員会（慶応義塾体育会野球部／三田倶楽部・昭和三十五年二月）
『飛田穂洲選集』飛田穂洲（ベースボール・マガジン社・昭和三十五年三月）
『慶応義塾百年史　中巻（前）』（慶応義塾・昭和三十五年十二月）
『巨人軍の花／早慶野球戦』村松梢風（読売新聞社・昭和三十六年七月）

『プロ野球二十五年』馬立龍雄（報知新聞社・昭和三十六年八月）
『早稲田大学八十年誌』（早稲田大学・昭和三十七年十月）
『安部磯雄　その著作と生涯』（早稲田大学教務部・昭和三十九年十月）
『慶応義塾百年史　中巻（後）』（慶応義塾・昭和三十九年十月）
『日本の野球史』広瀬謙三（新九州新聞社／スポーツニッポン新聞西部本社・昭和四十年九月）
『野球の父・安部磯雄先生』伊丹安廣（早稲田大学出版部・昭和四十年十二月）
『日本三球人』五十公野清一（世界文庫・昭和四十三年七月）
『明治野球史』功力靖雄（逍遙書院・昭和四十四年九月）
『日本スポーツ百年』（財団法人日本体育協会・昭和四十五年三月）
『日本野球創世記』君島一郎（ベースボール・マガジン社・昭和四十七年十一月）
『学生野球とは何か』飛田穂洲（恒文社・昭和四十九年七月）
『真説・日本野球史』大和球士（ベースボール・マガジン社・昭和五十二年六月〜昭和五十六年八月）
『半世紀を迎えた栄光の神宮球場』（明治神宮外苑・昭和五十二年十一月）
『東京六大学野球外史』池井優（ベースボール・マガジン社・昭和五十二年十二月）
『われら野球人』読売新聞社社会部（ベースボール・マガジン社・昭和五十二年十二月）
『都の西北』木村毅（ベースボール・マガジン社・昭和五十三年十一月）
『学徒出陣最後の早慶戦』笠原和夫／松尾俊治（恒文社・昭和五十五年四月）
『紺碧の空』越智正典（ベースボール・マガジン社・昭和五十五年十一月）
『早稲田大学百年史　第二巻』早稲田大学大学史編集所（早稲田大学出版部・昭和五十六年九月）

『早稲田大学野球部栄光の軌跡』（ベースボール・マガジン社・昭和五十八年三月）
『早稲田大学百年史　第三巻』早稲田大学大学史編集所（早稲田大学出版部・昭和六十二年三月）
『あゝ安部球場　紺碧の空に消ゆ』相田暢一（ベースボール・マガジン社・昭和六十二年十一月）
『私の昭和野球史』伊達正男（ベースボール・マガジン社・昭和六十三年六月）
『早稲田野球部初代主将』菊池道人（前野書店・昭和六十三年九月）
『明治バンカラ快人伝』横田順彌（光風社出版・平成元年三月）
『新版野球殿堂物語』神田順治（ベースボール・マガジン社・平成元年十月）
『「放送文化」誌にみる昭和放送史』日本放送出版協会（日本放送出版協会・平成二年三月）
『昭和テレビ放送史〔上〕』志賀信夫（早川書房・平成二年七月）
『早慶戦の謎』横田順彌（ベースボール・マガジン社・平成三年七月）
『日本スポーツ放送史』橋本一夫（大修館書店・平成四年四月）
『学生野球の昭和史―六大学野球の黄金時代―』（新宿区立新宿歴史博物館・平成四年十月）
『子規とベースボール』神田順治（ベースボール・マガジン社・平成四年十二月）

新聞・雑誌
「日本」「萬朝報」「時事新報」「国民新聞」「やまと新聞」「都新聞」「二六新報（新聞）」「東京朝日新聞」「東京日日新聞」「大阪朝日新聞」「大阪毎日新聞」「朝日新聞」「毎日新聞」「報知新聞」「読売新聞」「早稲田大学新聞」「三田新聞」「運動」「運動界」「運動世界」「運動之友」「武侠世界」「冒険世界」「探検世界」「中学世界」「野球界」「新古文林」「寫眞畫報」「早稲田学報」「早稲田大学史記要」「三田評論」「中央公論」「月刊国立競技場」

日本野球史年表

明治十一年	平岡凞が新橋アスレチックス倶楽部を結成
明治十八年	慶応義塾大学が慶応倶楽部を結成
明治十九年	一高がベースボール会を結成
明治二十七年	中馬庚が「野球」の名称を作る
明治二十九年	一高が横浜アマチュア倶楽部に勝つ（五月二十三日）
明治三十四年	東京専門学校（後の早稲田大学）がチアフル倶楽部を結成
明治三十五年	一高の守山恒太郎投手が横浜アマチュア倶楽部戦で完封勝ちを達成（五月十日）
	早稲田大学が戸塚グラウンドを建設
明治三十六年	慶応義塾大学が三田綱町グラウンドを建設
	第一回早慶戦が行われる（十一月二十一日）
明治三十七年	早稲田大学が一高に勝つ（六月一日）
	慶応義塾大学が一高に勝つ（六月二日）
	早稲田大学が慶応義塾大学に勝って球界の覇権を掌握（六月四日）
	早稲田大学が慶応義塾大学に勝って年間の全勝を達成（十月三十日）
明治三十八年	早稲田大学がアメリカ遠征を実施（四月四日～六月二十九日）
	早稲田大学の橋戸信が『最近野球術』を著わす（十一月）
明治三十九年	早慶戦中止となる（十一月十日）

明治四十年	慶応義塾大学がハワイのセントルイス大学を招聘し日本初の有料試合を実施（十～十一月）
明治四十一年	日本初の外来プロチーム「リーチ・オール・アメリカン」（少数のメジャーリーガーと多数のマイナーリーガーを混成した選抜チーム）が来日し、日本人チーム相手に十七戦全勝（十一～十二月）
明治四十三年	早稲田大学が招聘したシカゴ大学が日本人チーム相手に十戦全勝（十月）
大正三年	慶応、早稲田、明治の三大学による三大学リーグ結成（十月二十九日）
大正四年	第一回全国中等学校野球優勝大会が開催される（八月）
大正六年	三大学リーグに法政大学が加盟して四大学リーグとなる（春）
大正八年	早稲田大学ＯＢの飛田忠順が日本初の専任監督に就任（十二月）
大正九年	日本運動協会が日本初の職業野球団「芝浦運動協会チーム」を結成
大正十年	四大学リーグに立教大学が加盟して五大学リーグとなる（秋）
大正十四年	早慶戦復活に先立ち、時事新報社主催の早慶新人戦が行われる（六月十二日）
	五大学リーグに東京帝国大学が加盟して六大学リーグとなる（秋）
	早慶戦が十九年ぶりに復活（十月十九日・二十日）
大正十五年	六大学野球連盟の働きかけにより明治神宮野球場が完成（十月）
昭和二年	ＮＨＫ大阪放送局により日本初の野球ラジオ実況放送が行われる（八月十三日）
昭和三年	慶応義塾大学がリーグ戦で十戦十勝を達成（秋）
昭和四年	早慶が全勝同士で対戦（春・秋）

昭和六年	「宝塚運動協会チーム」（前芝浦運動協会チーム）が解散（七月三十一日）
	読売新聞社の招聘でアメリカ大リーグ選抜チームが来日し、日本人チームを圧倒して十七戦全勝（十一～十二月）
昭和七年	文部省が野球統制令を発令（三月二十八日）
昭和九年	読売新聞社が再びアメリカ大リーグ選抜チームを招聘し、世紀の大打者ベーブ・ルース一行が来日。全米軍は計四十七本のホームランを放ち、十八戦全勝（十一～十二月）
	職業野球団「大日本東京野球倶楽部」が結成される（十二月二十六日）
昭和十年	日本職業野球連盟が結成される（二月五日）
昭和十七年	秋の試合を最後に六大学リーグ戦中止となる
昭和十八年	学徒出陣壮行早慶戦が行われる（十月十六日）
昭和十九年	早稲田大学選手の召集により六大学全野球部は自然消滅（夏）
	職業野球が一時休止する声明を行い野球は完全に消滅（十一月十三日）
昭和二十年	戦後の野球第一戦として六大学ＯＢによる紅白戦が行われる（十月二十八日）
	オール早慶戦が行われる（十一月十八日）
	職業野球の東西対抗戦が行われる（十一月二十三日）
昭和二十一年	職業野球の公式戦が復活（四月）
	六大学リーグ戦が復活（五月）

ニッポン野球の青春――武士道野球から興奮の早慶戦へ

NDC783 256p 19cm

初版第一刷――二〇〇三年十一月一日

著者――菅野真二

発行者――鈴木一行
発行所――株式会社大修館書店
〒一〇一-八四六六 東京都千代田区神田錦町三-二四
電話03-3295-6231(販売部) 03-3294-2358(編集部)
振替00190-7-40504
[出版情報] http://www.taishukan.co.jp

装丁者――大久保 浩　題字――大久保泰子
印刷所――八光印刷
製本所――関山製本社

ISBN4-469-26538-1　Printed in Japan